Franken

Land, Leute und Küche

Franken

Land, Leute und Küche

tosa

Inhalt

Vorwort

Sowohl für Kulturbegeisterte als auch für Genießer hat Franken so einiges zu bieten. Von Sehenswürdigkeiten über Freizeitaktivitäten bis hin zu Veranstaltungen unterschiedlichster Art wartet die Regionen mit einem riesigen Angebot auf, darunter auch eine Vielzahl an Burgen, Schlössern, Museen und nicht zu vergessen die touristischen Hotspots Nürnberg und Bamberg.

Eine besonders gute Möglichkeit, wunderschöne Eindrücke von Franken zu erhalten, sind Touren auf einer der berühmten Ferienstraßen. Sie führen Einheimische und Besucher zu den schönsten Fleckchen von Ober- bis Unterfranken – und von diesen gibt es eine Menge.

Attraktive Naherholungsgebiete, wie Naturparks und Gärten, laden sowohl zum Entspannen als auch zum Radfahren oder Wandern ein. Musikfreunde und Fans von Kunstausstellungen und historischer Architektur kommen dank eines facettenreichen Kulturprogramms ebenfalls auf ihre Kosten.

Das Frankenland ist im beschaulichen Bayern angesiedelt. Von Ober- bis Unterfranken besticht die süddeutsche Region sowohl mit kulturellen als auch sprachlichen Eigenheiten. Insbesondere das Fränkische, der klangvolle Dialekt, macht den Charme der ohnehin schon sehr aufgeschlossenen und redseligen Franken aus – auch wenn man als Tourist nicht gleich alles versteht.

Große Bedeutung haben die kulinarischen Gaumenfreuden der Region, denn Schlemmen kann man in Franken ebenfalls sehr gut. Die Vielfalt an regionalen Spezialitäten wie Lebkuchen oder Rostbratwurst sowie eine einmalige Bier- und Weinkultur werden nur noch von der herzlichen Gastlichkeit der Einheimischen übertroffen. In diesem Buch finden Sie von Vorspeisen über Hauptspeisen bis hin zu Desserts und Gebäcken eine große Auswahl an authentischen Rezepten zum Nachkochen. So können Sie sich auch zu Hause Leckereien wie Gerupften, Surhaxe oder Muskazinen schmecken lassen.

Alles in allem verbindet Franken eine malerische Kulisse mit kulturellen und kulinarischen Highlights – und ist deshalb unbedingt einen Besuch wert!

Wenn nicht anders angegeben, sind sämtliche Rezepte in diesem Buch für 4 Personen berechnet.

Festung Marienberg, Würzburg

Das ist Franken

Lage:	Bayern
Bevölkerungsdichte:	ca. 181 Einwohner pro km^2
Größte Städte:	Nürnberg, Bamberg, Würzburg, Bayreuth
Flüsse, die durch Franken fließen:	Altmühl, Main, Regnitz
Gebirge in Franken:	Fränkische Alb, Fichtelgebirge, Thüringer Wald, Rhön, Spessart

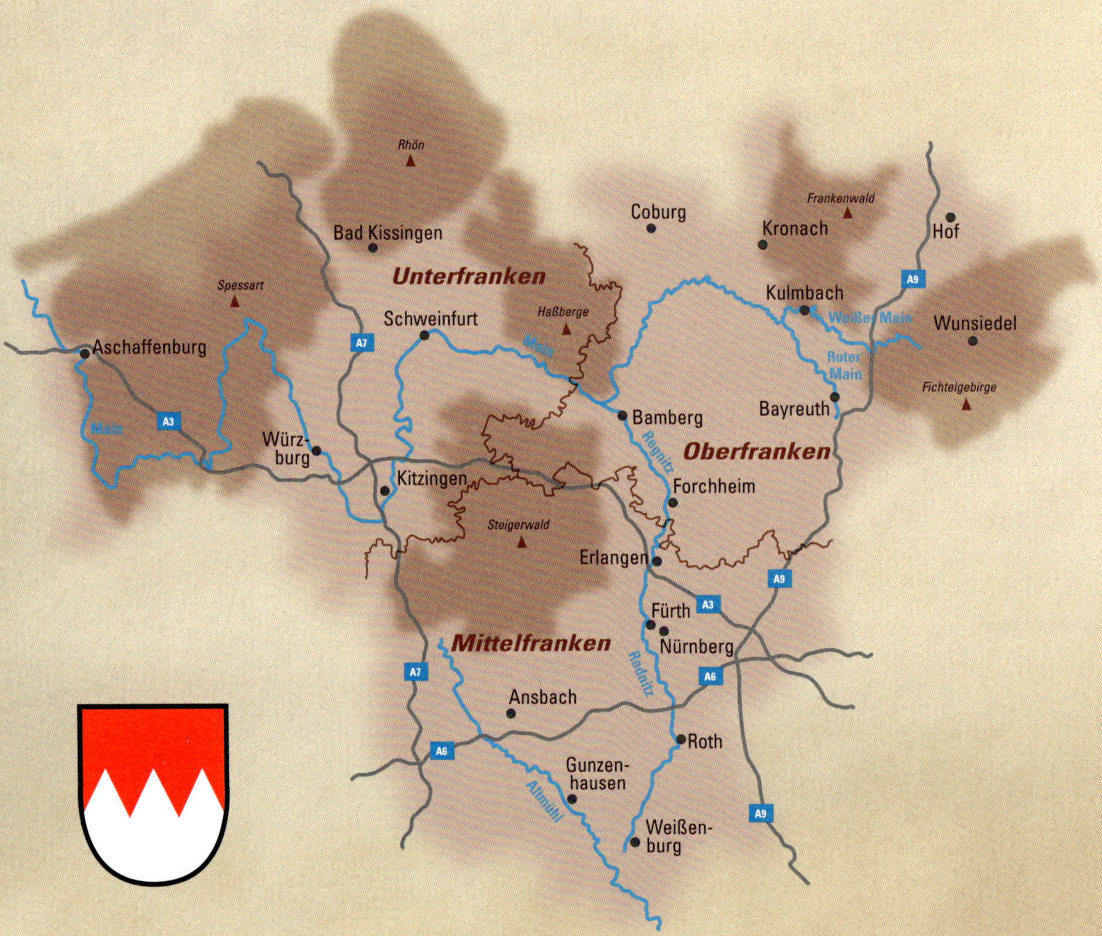

Das Frankenlied

Das sogenannte Frankenlied geht auf den Schriftsteller Joseph Victor von Scheffel zurück. Als er im Jahre 1859 während eines Urlaubs durch das Frankental wanderte, inspirierte ihn die Region zu den folgenden Zeilen.

Noch heute wird die musikalische Liebeserklärung an die Region bei offiziellen Anlässen direkt nach der deutschen Nationalhymne und der Bayernhymne gespielt.

1. Strophe

Wohlauf, die Luft geht frisch und rein,
wer lange sitzt, muss rosten.
Den allerschönsten Sonnenschein
lässt uns der Himmel kosten.
Jetzt reicht mir Stab und Ordenskleid
der fahrenden Scholaren.
Ich will zur schönen Sommerszeit
ins Land der Franken fahren,
valeri, valera, valeri, valera,
ins Land der Franken fahren!

2. Strophe

Der Wald steht grün, die Jagd geht gut,
schwer ist das Korn geraten.
Sie können auf des Maines Flut
die Schiffe kaum verladen.
Bald hebt sich auch das Herbsten an,
die Kelter harrt des Weines.
Der Winzer Schutzherr Kilian
beschert uns etwas Feines,
valeri, valera, valeri, valera,
beschert uns etwas Feines.

3. Strophe

Wallfahrer ziehen durch das Tal
mit fliegenden Standarten.
Hell grüßt ihr doppelter Choral
den weiten Gottesgarten.
Wie gerne wär' ich mitgewallt,
ihr Pfarr' wollt mich nicht haben!
So muss ich seitwärts durch den Wald
als räudig Schäflein traben,
valeri, valera, valeri, valera,
als räudig Schäflein traben.

4. Strophe

Zum heil'gen Veit von Staffelstein
komm ich empor gestiegen,
und seh' die Lande um den Main
zu meinen Füßen liegen.
Von Bamberg bis zum Grabfeldgau
umrahmen Berg und Hügel
die breite stromdurchglänzte Au.
Ich wollt', mir wüchsen Flügel,
valeri, valera, valeri, valera,
ich wollt', mir wüchsen Flügel.

5. Strophe

Einsiedelmann ist nicht zu Haus',
dieweil es Zeit zu mähen.
Ich seh' ihn an der Halde drauß'
bei einer Schnitt'rin stehen.
Verfahr'ner Schüler Stoßgebet
heißt: Herr, gib uns zu trinken!
Doch wer bei schöner Schnitt'rin steht,
dem mag man lange winken,
valeri, valera, valeri, valera,
dem mag man lange winken.

6. Strophe

Einsiedel, das war missgetan,
dass du dich hubst von hinnen!
Es liegt, ich seh's dem Keller an,
ein guter Jahrgang drinnen.
Hoiho, die Pforten brech' ich ein
und trinke, was ich finde.
Du heil'ger Veit von Staffelstein
verzeih mir Durst und Sünde,
valeri, valera, valeri, valera,
verzeih mir Durst und Sünde!

Eremitage, Bayreuth

Kultur in Franken

Von der Antike über das Mittelalter bis ins 20. Jahrhundert kann man sich in Franken auf eine kulturelle Zeitreise und damit auf die Spuren der alten Römer oder tapferen Ritter begeben – zum Beispiel beim Besichtigen beeindruckender Residenzen, romantischer Burgruinen oder prachtvoller Schlossanlagen. Auch über 200 Museen gewähren einen lebendigen und anschaulichen Einblick in die Geschichte, Baukultur und Traditionen verschiedener Regionen.

Wer sich für eine der schönen Ferienstraßentouren entscheidet, wandert direkt auf kulturellen Pfaden. Bei unvergesslichen Impressionen, kulinarischen Genüssen und bekannten Sehenswürdigkeiten lernt man Franken, z. B. auf der *Bier- und Burgenstraße* oder der *Romantischen Straße*, von seinen schönsten Seiten kennen. Für welche Ferienstraße man sich auch entscheidet – sie sind mit sehenswerten Orten und landschaftlichen Highlights gesäumt. Darüber hinaus erfährt man allerlei Wissenswertes über die Themenschwerpunkte der jeweiligen Straßen, wie z. B. Porzellan, den deutschen Limes oder die Geschichte des Spielzeugs.

Die Würzburger Residenz wird als eines der außergewöhnlichsten Barockschlösser bezeichnet. Der Komplex ist das Werk der angesehensten Architekten und Künstler Europas im 18. Jahrhundert.

Die beiden bekanntesten Ferienrouten, die durch Franken führen, sind die Bier- und Burgenstraße, die auf ihrer Route Geschichte zum Anfassen bietet, und die Romantische Straße, eine Symbiose aus Natur, Kultur und Gastfreundlichkeit.

Franken ist außerdem Standort von gleich vier UNESCO-Welterbestätten – der Bamberger Altstadt, der Würzburger Residenz, des Markgräflichen Opernhauses Bayreuth und des Obergermanisch-Raetischen Limes. Sie sind beeindruckende Zeugen der Geschichte, die Frankens Kulisse erst zu dem machen, was sie ist – sehenswert.

Der Musikzauber Franken ist ein Muss für alle Fans von guter Musik aus den verschiedensten Genres. Dank wunderschöner Kulissen ein Genuss für Augen und Ohren.

Auch Musik wird in Franken groß geschrieben und macht neben Festspielen und Ausstellungen einen immensen Teil des Veranstaltungsprogramms aus. Insbesondere der ***Musikzauber Franken*** ist ein alljährliches Highlight. Egal ob Klassik, Jazz oder Rock – alle Konzerte sorgen für ein unvergessliches Erlebnis. Als Bühnen dienen Kirchen, Klöster, Burgen, Schlösser oder sogar Höhlen, die den Konzertreihen und Musikevents ein besonderes Ambiente verleihen.
Auch unter freiem Himmel wird den Klängen von Bands, Orchestern und Solokünstlern gelauscht. Neben erstklassigen Musikveranstaltungen gibt der Veranstaltungskalender noch einiges mehr her. Festivitäten wie die ***Bayreuther Festspiele***, die ***Rokoko-Festspiele*** in Ansbach, der ***Nürnberger Christkindlesmarkt***, Kirchweihen sowie Bier- und Weinfeste geben regelmäßig Anlass zum Feiern, was der geselligen Mentalität der Einheimischen sehr entgegenkommt.

Der Christkindlesmarkt in Nürnberg gehört zur fränkischen Adventszeit einfach dazu. Die alljährliche Eröffnung durch das Christkind hat Kultstatus und lockt Millionen von Besuchern auf den Marktplatz vor der Frauenkirche.

Wer also Kultur mit Leib und Seele erleben möchte, ist in Franken genau richtig. Hier findet man das gesamte Jahr über zahlreiche Höhepunkte aus Kunst, Musik, Geschichte und Kulinarik.

Altstadt, Nürnberg

Natur pur und Erholung

Wunderschöne Parks und Gartenanlagen machen Franken auch für Naturfreunde zum Paradies. Abgesehen von malerischen Kulissen, die zum Flanieren einladen, sind die Grünanlagen auch Veranstaltungsort für Gartenschauen und -Messen wie beispielsweise dem *Tag der offenen Gartentür*. Die Parks fungieren außerdem als grüne Bühnen für besondere Open-Air-Konzerte, die Natur und Kultur in Einklang bringen.

Bei den sogenannten Gartentouren kann man die botanische Welt Frankens einmal ganz genau erkunden. Ob man nun in opulenten Hofgärten in herrschaftliche Zeiten versetzt wird, durch Museumsgärten wandelt oder die Kurparks genießt – in Franken kann man seine „grüne Seele" baumeln lassen.

Auch für Sportbegeisterte bietet die beeindruckende Naturlandschaft des Frankenlandes viele Möglichkeiten, aktiv zu werden. Sowohl für ambitionierte Biker als auch für Hobby-Radfahrer gibt es hier unzählige, idyllische Routen. Auch leidenschaftliche Wanderer kommen in Franken auf ihre Kosten, indem sie durch Wälder, Flusstäler und Gebirgslandschaften – die übrigens auch für Kletterer interessante Gebiete darstellen – spazieren. Wer Franken lieber auf dem Wasser erkunden möchte, schnappt sich ein Kanu oder Kajak und schon kann es losgehen. Beim Wasserwandern hat man einen ganz anderen Blick auf die Landschaft. Für Motorradfans sind Touren durch die Region ebenfalls reizvoll. Während ihnen der Fahrtwind um die Nase weht, können sie außergewöhnliche Landstriche und einen atemberaubenden Panoramablick genießen.

Auch wenn es draußen kalt wird, ist das für die Franken kein Grund, nicht aktiv zu sein. Im Winter laden schneebedeckte Hänge unter anderem zum Snowboarden, Skifahren oder Schneeschuhwandern ein. Insbesondere im Fichtelgebirge, im Frankenwald und in der Rhön kommen Wintersportfans bei steilen Abfahrten auf ihre Kosten. Wer es lieber etwas ruhiger oder romantischer mag, vergnügt sich auf zugefrorenen Gewässern beim Eislaufen oder beim Eisstockschießen.

Wer hingegen mal eine Auszeit vom stressigen Alltag braucht, kann es sich im Gesundheitspark Franken gut gehen lassen. Mit 18 verschiedenen Heilbädern, Beauty-, Fitness- und Wellnessangeboten, kann man hier wunderbar entspannen. Die Thermen, z. B. in Bad Staffelstein oder Bad Alexanderbad, setzen auf heilende Naturschätze, so nutzt man natürlich vorkommende Sole, Moor und Mineralien, deren wohltuende Wirkung sich bereits vor Jahrhunderten bewährt hat und bis heute geschätzt wird.
In verschiedenen Kurbetrieben kann man sich in die erfahrenen Hände von Gesundheitsexperten begeben und bei

Massagen sowie kosmetischen Behandlungen das Wohlbefinden steigern. Bei geführten Wanderungen oder Nordic-Walking-Touren in der schönen Natur Frankens lässt sich neue Lebenskraft tanken und dem Körper etwas Gutes tun.

Deutsches Haus, Dinkelsbühl

So reden die Franken

Die Sprache der Bewohner Frankens ist für auswärtige Besucher eine klare Herausforderung. Das Spannende: Hier gibt es nicht nur eine Mundart, jede Region schmückt das gesprochene Wort auf seine ganz individuelle Weise aus. So sprechen die Unterfranken z. B. bei einer Kartoffel von einer ***Grundbirne***, während sich die Oberfranken ***Ärpfl*** und die Mittelfranken ***Erdbirn*** schmecken lassen. Bei einem sind sich die verschiedenen Regionen immerhin einig: weiche Endungen! Insbesondere ein hartes p, t oder k wird man in Franken eher selten hören, sie weichen einem b, d oder g. Eine weiteres Merkmal für das ***Fränggische*** ist ohne Zweifel das rollende r.

Auch wenn ***Fränggisch*** auf der Beliebtheitsskala der Deutschen lediglich im Mittelfeld angesiedelt ist, ist es für Einheimische der schönste Dialekt der Welt. Vor allem auf die Abgrenzung zu Bayern legen die Franken enorm großen Wert. So wird auch die Sprache gerne genutzt, um die eigenständige ***Idendidäd*** auszudrücken.

Doch auch wenn das Fränkeln für Zugereiste und Touristen nicht immer so einfach zu verstehen ist, ist das kein Grund zu verzweifeln. Hier ein paar gängige Sprichwörter und Vokabeln, damit Sie nicht ausschließlich Bahnhof verstehen:

Fränggisch	Hochdeutsch
Bassd scho	Ja, in Ordnung, es passt.
Allmächd	Allmächtiger, oh mein Gott
Adee	Tschüss, auf Wiedersehen
Seidla	Halber Liter
Weggla	Brötchen
Badzn Sempd	Ein Klecks Senf
Hampfala	Spindeldürrer Mann
Grischberle	Kleine, schmächtige Person
Grüß Godd	Guten Tag
Augndeggel	Augenlid
Babbm, Schlabbm	Mund
Hölberla	Blaubeeren
Holwer	Himbeeren
Bamsn	Kinder
Dochdermu	Schwiegersohn
Duudla	Patentante
Ala	Großmutter
Herrla	Großvater
Maadla	Mädchen
Auswäddicher	Nicht-Franke
Schoodhex	Schlampiges Frauenzimmer aus der Stadt
Schiggsn	Aufgetaktelte Frau
Olde Schabraggn	Unattraktive Frau

Franken – die Region mit der höchsten Brauereidichte Europas – pflegt eine ausgeprägte Bierkultur.

Das Mekka des Bieres

Für Bierliebhaber ist Franken ein regelrechtes Schlaraffenland – ganz egal, ob man eher dem Hellen, Dunklen, Weizen oder Pils zugetan ist. Hier wird die traditionelle Braukunst groß geschrieben und an jeder Ecke kann man sowohl das Bräu traditioneller Großbetriebe sowie kleiner Hausbrauereien genießen.

Nirgendwo auf der Welt gibt es eine größere Brauereidichte als in Franken. Eines der „weltstärksten Biere" – der Eisbock – wird in Kulmbach gebraut. Auch das Bier der Franziskaner auf dem Kreuzberg hat es in sich, wie man an der Stimmung in den Klostergewölben tagtäglich erleben kann. Es sind nicht nur fromme, durstige Wallfahrer, die dem Bier zugetan sind, auch jeden Rhönurlauber zieht es mindestens einmal zu den Maßkrügen des Klosters. Neben gängigen Bierarten warten die fränkischen Brauereien mit regionalen Besonderheiten auf, die sich durch einen einzigartigen Herstellungsprozess und Geschmack

Seit Jahrhunderten ist Spalt für seinen Hopfen bekannt, der das fränkische Bier neben anderen Zutaten zu dem macht, was es ist.

auszeichnen. Die wohl kontroverseste Kreation ist das Rauchbier. Hergestellt wird es wie andere Biere auch, nur dass die Gerste auf der Darre nicht gewöhnlich getrocknet wird, sondern der Rauch des zum Trocknen verwendeten Buchenholzfeuers das Grünmalz durchzieht. Ungespundetes hingegen kommt im Gegensatz zu normalem Bier ganz ohne Druck während der Herstellung aus. Das sorgt für weniger Kohlensäure und damit für einen intensiveren Geschmack von Malz und Bitterstoffen. Ebenfalls eine beliebte Bierspezialität ist das fränkische Zwickl. Das naturtrübe Kellerbier besticht durch seinen würzigen Geschmack und seine Süffigkeit. Oberfranken ist das eigentliche Mekka das Bieres. Dort beginnt im Fichtelgebirge auch die Bierstraße, läuft über Bayreuth nach Kulmbach, der Hochburg des Bieres – es sind im wahrsten Sinn des Wortes gewaltige Bierburgen, die aus der Stadtlandschaft Kulmbachs herausragen.

Besucht man in Bamberg das berühmte *Schlenkerla*, wird es zünftig. Holzverkleidungen der Stubenwände und verräucherte, tiefschwarze Deckenbalken sorgen für den rustikalen Charme der gemütlichen Wirtschaft. Das Rauchbier ist hier eine örtliche Spezialität, dessen besonderer Geschmack jedoch für nicht Einheimische gewöhnungsbedürftig ist.

Aber nicht nur in, sondern auch um Bamberg kann man hervorragende Biere entdecken. Sie kommen aus kleinen und mittelständischen Brauereien, die von alters her unverwechselbare Biere brauen – wie überhaupt viele Kleinbrauereien in Franken herrlich süffige Biere liefern.

Dass es in Franken zu einer so ausgeprägten Bierkultur gekommen ist, hängt mit drei exzellenten Voraussetzungen zusammen: Die Gebirge liefern ein wunderbar frisches, weiches Wasser, Mittelfranken den regionalen Hopfen und Unterfranken die gute Braugerste.

Wer sich in die fränkische Bierkultur einführen lassen möchte, besucht dazu am besten ein Intensiv-Seminar, z. B. in Frankens gemütlicher Ecke im Steigerwald. Hierbei erfährt man nicht nur Wissenswertes rund um den Gerstensaft, es wird die Kunst des Bierzapfens erklärt. Natürlich darf man zum Üben selbst ans Fass. Zum Abschluss des Seminars kann man sich einer Prüfung unterziehen und sich so den Titel Dr. b.c. *(biero causa)* erwerben. Um sich anschließend als Bierfachmann oder -frau ausweisen zu können, gibt es noch eine Urkunde als Erinnerung.

Weinberge bei Nordheim am Main

Weinfranken

Auch in Sachen Wein sind die Franken ganz vorne mit dabei. Insbesondere der Weißwein – vor allem Silvaner, Müller-Thurgau, Bacchus und Riesling – ist weit über die Grenzen des Frankenlandes bekannt und genießt einen sehr guten Ruf. Klassisch wird der edle Tropfen im Bocksbeutel serviert, einer bauchig geformten Weinflasche, die Markenzeichen und Qualitätsmerkmal zugleich ist. Ähnlich wie auch in Frankreich, wird der Frankenwein als Teil eines leckeren Essens genossen. Er ist trocken, aber dennoch süffig und harmoniert mit fast allen Gerichten – egal ob Fisch oder Fleisch.

Auf einer Fläche von mehr als 6000 Hektar werden die wertvollen Trauben hauptsächlich in Mainfranken angebaut. Das Zusammenspiel aus fruchtbaren Böden und mildem Klima sorgt für charakteristische Weine, die für viele Kenner zu den Besten zählen. Durch den Anteil an Buntsandstein, Muschelkalk und Keuper im Boden, erhalten die

Weine einen hohen Mineralstoffgehalt und ihren würzig-erdigen Geschmack.

Überall in Weinfranken trifft man auf Hecken- oder Straußwirtschaften, welche eine lange Tradition haben. Ein Häcker, der seinen eigenen Wein ausschenken will, hängt nach behördlicher Genehmigung einen „Buschen" (Wegweiser) an einen Stock und zeigt damit, dass bei ihm gezecht werden kann.

Wer sich in tiefste Weingeheimnisse einführen lassen will, der wird in den heiligen Gewölben von Winzern bei Weinproben kundige Worte über deren Weine hören – mit Stolz und Begeisterung vorgetragen.

Da der Wein in Franken mehr als bloßer Genuss im Glas ist, bietet die Region auch verschiedene Veranstaltungen rund um den Rebensaft an. So werden prunkvolle Schlösser und Residenzen zur Kulisse von Weinfesten oder die Weinwanderungen bieten einen besonderen Blick auf die wunderschöne Landschaft.

Den leckeren Frankenwein kann man beispielsweise auf dem Weinfest in Nenzenheim genießen. Hier wird jedes Jahr Ende April/Anfang Mai bei Live-Musik und guter Stimmung im Festzelt das Weinglas erhoben.

Rothenburg ob der Tauber

Frankens Esskultur

Dass man in Franken Genuss lebt, ist kein Geheimnis. Die zahlreichen Restaurants warten mit deftigen Traditionsgerichten auf – eines leckerer als das andere. Die fränkische Küche setzt hauptsächlich auf Frische, Regionalität und Tradition. Unzählige Obst- und Gemüsemärkte bieten die vielen saisonalen Köstlichkeiten an und die Franken genießen das reiche Angebot. Auch hausgebackenes Bauernbrot verströmt hier regelmäßig seinen verführerischen Duft und wird gerne zu den verschiedensten Mahlzeiten gereicht. Die berühmte Bratwurst in unterschiedlichen Variationen – mal im Essigsud gekocht, mal klassisch im Weckerl – gehört ebenfalls zu Franken dazu. Auch gutbürgerliche Fleischgerichte wie das Schäufele mit Klößen runden die bodenständige Küche der Franken ab. Neben Wurst- und Fleischspezialtäten ist auch Karpfen sehr beliebt. Entweder blau oder gebacken nach Müllerin-Art mit Butter und Kartoffeln schmeckt er den Franken besonders gut.

Genau wie die Rostbratwurst, sind auch die Elisenlebkuchen typisch für Nürnberg. Jedes Jahr werden Millionen des leckeren Gebäcks produziert, damit Naschkatzen beherzt zugreifen können, wenn die Adventszeit beginnt und der Christkindlesmarkt seine Besucher mit weihnachtlichen Düften und einer ein-maligen Atmosphäre verzaubert.

Neben Lebkuchen sind aber auch die sogenannten *Küchla* sehr beliebt bei den Franken. Insbesondere auf Festen wird dieses in Fett ausgebackene und mit Puderzucker bestäubte Hefeteiggebäck oft angeboten. Diesem kulinarischen Leckerbissen kann man nur schwer widerstehen.

Wer es gerne deftig und gutbürgerlich mag, ist in Franken auf jeden Fall an der richtigen Adresse. Hier wird noch gekocht wie bei Muttern. Mit traditionellen Hauptspeisen wie Aischgründer Karpfen oder süßen Versuchungen aus der Backstube begeistert die fränkische Küche Einheimische wie Besucher immer wieder aufs Neue.

Franken bietet für jeden Geschmack nicht nur das ideale Gericht, sondern auch die passende Atmosphäre. Die Lokalitäten reichen von Weinstuben über Gourmetrestaurants bis hin zu urigen Wirtshäusern und Bierkellern. Doch egal, wo man in Franken einkehrt, die Verbindung aus kulinarischen Leckerbissen, Bier- und Weinspezialitäten ist immer ein Garant für höchsten Genuss.

IST GANZ GEWISS

Kleine Gerichte

Speckwecken zum Wein

Diese typisch fränkische Spezialität gibt es in vielen Varianten: mit Käse, mit Speck, mit Zwiebeln, mit Körnern aller Art, mit hellem Mehl und mit Roggenmehl.

Zutaten

500 g Weizenmehl
1 Päckchen Trockenhefe oder 20 g frische Hefe
1 Prise Zucker
½ TL Salz
250 ml lauwarme Milch
100 g weiche Butter
1 Ei
1 Zwiebel
200 g Speck in Scheiben
½ TL getrockneter Thymian
Butter fürs Backblech
1 EL süße Sahne zum Bestreichen
1 TL Kümmel zum Bestreuen

Zubereitung

1 Das Mehl mit der Hefe, dem Zucker und dem Salz vermischen. Danach die Milch, die Butter und das Ei dazugeben und alles gut verkneten. Den Hefeteig zugedeckt an einem warmen Ort ca. 45 Minuten gehen lassen.

2 Die Zwiebel abziehen und fein würfeln. Den Speck in feine Streifen schneiden und in einer Pfanne ohne Fett anbraten. Die Zwiebelwürfel 2 Minuten mitbraten und den zerriebenen Thymian untermischen. Die Masse abkühlen lassen.

3 Das Backblech mit Butter bestreichen. Den Teig nochmals durchkneten, in 12 gleich große Stücke teilen und diese flach auseinanderziehen. Die Speckmasse darauf verteilen, die Teigränder über der Füllung zusammendrehen und gut festdrücken. Die Wecken mit der glatten Seite nach oben auf das Backblech legen und 15 Minuten gehen lassen.

4 Den Backofen auf 200 °C (Umluft 180 °C) vorheizen. Die Wecken kreuzweise einritzen, mit süßer Sahne bestreichen, mit Kümmel bestreuen und 20 Minuten backen.

Ein selbstgemachter Kräuter-Frischkäse ist eine ideale Ergänzung.

Auch ein köstlicher Frankenwein passt hervorragend dazu.

Würzige Kartoffelplätzle

Nicht nur lecker, sondern dank der Sonnenblumenkerne auch noch gesund! Mit vielen wichtigen Nährstoffen und ungesättigten Fettsäuren bieten sie viele Vorteile für unseren Organismus.

Zutaten

1 kg mehlig kochende Kartoffeln
2 Knoblauchzehen
1 Bund Schnittlauch
1 Msp. geriebene Muskatnuss
1 TL getrockneter Majoran
1 Ei
100 g Mehl
100 g frisch geriebener, mittelalter Gouda
2 EL Öl fürs Blech
4 EL Öl zum Beträufeln
120 g Sonnenblumenkerne
Salz, Pfeffer

Zubereitung

1 Die Kartoffeln weich kochen, pellen und heiß durch die Kartoffelpresse drücken. Den Knoblauch abziehen und fein hacken.

2 Den Schnittlauch waschen, trocken schleudern und in Röllchen schneiden.

3 Das ausgekühlte Kartoffelmus mit Knoblauch, Muskat, Majoran, Schnittlauch, Ei, Mehl und Käse sowie Salz und Pfeffer schnell verkneten, sodass ein gut formbarer Teig entsteht. Eventuell noch etwas Mehl hinzufügen.

4 Das Backblech gut mit Öl auspinseln und den Backofen auf 220 °C (Umluft 200 °C) vorheizen.

5 Den Teig mit bemehlten Händen in ca. 40 Portionen teilen und runde, flache Plätzchen daraus formen. Die Plätzchen in den Sonnenblumenkernen wenden und diese leicht andrücken. Auf das Blech legen, mit Öl beträufeln und auf der mittleren Schiene 25–30 Minuten backen. Ofenfrisch genießen!

Die Kartoffeln – die Basis der Plätzle – werden in Franken nicht nur von den ansässigen Bauern auf dem Feld angebaut. Auch in vielen Privatgärten sind einige Reihen der beliebten Erdäpfel zu finden. Vor allem die Kartoffelsorte Bamberger Hörnchen ist bei den Franken beliebt. Sie eignet sich besonders gut für Kartoffelsalat, aber auch für leckere Beilagen, wie die würzigen Kartoffelplätzle.

Pikante Dätscher

Diese etwa tellergroßen Fladen haben ihren Namen „Dätscher" davon bekommen, dass sie auf dem Backblech flach gedrückt werden, was man im Fränkischen „gedätscht" nennt.

Zutaten

500 g Mehl
15 g Hefe
etwas Milch
125 g Butter
200 g gekochte, geriebene Kartoffeln
50 g geschmolzene Butter
4–5 EL Sauerrahm
Kümmel
Salz

Eine Schritt-für-Schritt-Anleitung für Hefeteig finden Sie auf Seite 140.

Zubereitung

1 Das Mehl in eine Schüssel sieben und in die Mitte eine Vertiefung drücken. Die Hefe hineinbröckeln und mit etwas Milch und ein wenig des Mehls zu einem Vorteig verrühren. Abgedeckt an einem warmen Ort ca. 20 Minuten gehen lassen.

2 Die Butter und die Kartoffeln dazugeben, alles zusammen mit dem restlichen Mehl in der Schüssel zu einem geschmeidigen Teig verkneten und abgedeckt weitere 30 Minuten gehen lassen.

3 Den Teig auf einer bemehlten Arbeitsfläche zu tellergroßen Fladen ausrollen, diese flach drücken und auf ein gefettetes Backblech legen. Den Backofen auf 220 °C (Umluft 200 °C) vorheizen.

4 Die Dätscher mit der Butter und dem Sauerrahm bestreichen und mit Salz und Kümmel würzen. Im vorgeheizten Backofen ca. 30 Minuten backen.

Gerupfter

Diese fränkische Spezialität heißt „Gerupfter", weil der Camembert nicht geschnitten, sondern mit den Fingern zerrupft wird. Wer es besonders deftig und pikant mag, kann noch ein Stück Limburger zerteilen und untermischen. Der Gerupfte wird, ebenso wie die Dätscher, gerne zu einem Glas Frankenwein serviert.

Zutaten

1 Camembert
50 g weiche Butter
½ Sahne-Schmelzkäse
1 TL Rosenpaprika
1 Zwiebel

Zubereitung

1 Den Camembert grob zerrupfen und zusammen mit der Butter und dem Schmelzkäse mit einer Gabel zerdrücken, bis eine einheitliche Masse entsteht. Mit dem Paprika würzen.

2 Die Zwiebel abziehen, würfeln und zum Schluss unter den Käse rühren. Dazu schmeckt am besten frisches Bauernbrot!

Pikante Dätscher
Gerupfter

Fränkischer Kochkäs

Kochkäs und Biberleskäs werden in Franken häufig zu Wein oder Bier serviert.

Zutaten

750 ml unbehandelte Rohmilch
2 Eier
1 TL Hirschhornsalz
Salz, Pfeffer

Zubereitung

1 Die Milch in einer Schüssel an einem warmen Ort stehen lassen, bis sie sauer und dick geworden ist. Die Masse dann gut durchmixen.

2 Die Eier mit Salz und Pfeffer verrühren, die Dickmilch dazugeben und vorsichtig erhitzen, aber nicht kochen! Das Hirschhornsalz dazugeben und so lange rühren, bis eine glatte Masse entsteht.

3 Eine Porzellanschüssel mit kaltem Wasser ausspülen und die Masse einfüllen. Mit einem Geschirrtuch abdecken und zwei Tage stehen lassen. Dann mit Bauernbrot und Kümmel servieren.

Biberleskäs

Er war früher ein Nebenprodukt der ländlichen Milchwirtschaft und wurde auch zur Aufzucht der kleinen Hühner verwendet.

Der Biberleskäs hat seinen Namen von den Küken, den Biberle.

Zutaten

1 Bund Schnittlauch
1 Zwiebel
500 g Vollmilchquark
250 ml süße Sahne
Salz, Pfeffer

Zubereitung

1 Den Schnittlauch waschen und in Röllchen schneiden. Die Zwiebel abziehen und fein hacken.

2 Den Quark und die Sahne gut verrühren, mit Salz und Pfeffer abschmecken und die Schnittlauchröllchen und die Zwiebel unterrühren. Dazu schmeckt am besten frisches Bauernbrot oder Kartoffeln.

Fränkischer Kochkäs
Biberleskäs

Blaue Zipfel

Die „Blauen Zipfel“ sind eine von vielen Varianten, wie die Franken ihre heißgeliebten Bratwürste zubereiten: Sie werden nicht gebraten, sondern gesotten. Der Grundsud lässt viele Abwandlungen zu, zum Beispiel mit Tomaten, Petersilie, Stockschwämmchen, Champignons oder Pfifferlingen.

Zutaten

125 ml Essig
4 mittelgroße Zwiebeln
1 Nelke
1 Lorbeerblatt
5 Pfefferkörner
2 Wacholderbeeren
1 EL Senfkörner
1 TL Salz
1 Prise Zucker
1 Karotte
½ Knolle Sellerie
1 Petersilienwurzel
4 Paar rohe fränkische Bratwürste
250 ml Frankenwein
100 g Champignons oder Pfifferlinge

Zubereitung

1 500 ml Wasser mit dem Essig aufkochen. Die Zwiebeln abziehen und in Ringe schneiden. Die Zwiebelringe und die Gewürze in dem Essigwasser 5 Minuten kochen. Die Karotte, den Sellerie und die Petersilienwurzel waschen, putzen, in feine Streifen schneiden und ebenfalls mitkochen.

2 Nach ca. 15 Minuten den Zwiebelsud ausschalten, die rohen Bratwürste einlegen, den Wein dazugießen und das Ganze ca. 10 Minuten ziehen lassen.

3 Die Champignons oder Pfifferlinge noch kurz miterhitzen und dann die Blauen Zipfel zusammen mit dem Sud in einer Terrine anrichten.

Zu den Blauen Zipfeln isst man in Franken am liebsten frisches, kräftiges Bauernbrot.

Man trinkt dazu auch gerne mal ein „Schnäpsle“ ...

40 Vol. %
Schlehenbrand

Fränkische Sülze nach Hausfrauen Art

Früher war die Sülze eine gute Gelegenheit, das Kleinfleisch vom Schlachten gut und sinnvoll zu verwerten. Und sie bot dazu noch viele Möglichkeiten beim Ausgarnieren und für allerlei Geschmacksvarianten. Auch heute noch ist Sülze beliebt, denn sie ist gut vorzubereiten und für Feste bestens geeignet.

Zutaten

1 Bund Suppengrün
1 saure Gurke
3 Karotten
500 g Schweineknöchle (Schweineknochen)
½ Schweinskopf
750 g Schweinefleisch vom Stich (Bruststpitze)
Essig nach Belieben
Lorbeerblatt
25 g Sülzepulver
Petersilie zum Dekorieren
Salz, Pfeffer

Zubereitung

1 Das Suppengrün putzen, waschen und in Stücke schneiden. Die Gurke in Scheibchen schneiden. Die Karotten putzen, waschen und in Stücke schneiden. In einem großen Topf mit 1 ½ Liter Salzwasser die Knöchle, den Schweinskopf, das Schweinefleisch, die Gewürze und das Suppengrün ca. 1 Stunde weich kochen. Nun das Fleisch etwas abkühlen lassen und von den Knochen lösen.

2 Die Fleischportionen in Stücke schneiden und in vorbereitete Suppenteller verteilen. Anschließend mit 500 ml Kochbrühe, den nicht völlig zerfallenen Teilen des Suppengrüns und mit Hilfe des Sülzepulvers eine Sülzbrühe herstellen.

3 Bevor man die Brühe über das Fleisch gießt, garniert man jede Portion mit Scheibchen der sauren Gurke, Karottenstückchen und Petersilie. Zum Schluss wird alles vorsichtig mit Sülzbrühe übergossen und kalt gestellt, bis sie fest ist.

Das klassische Suppengrün besteht aus Lauch, Karotten, Sellerie und/oder Petersilienwurzel.

Zur fränkischen Sülze schmecken Bratkartoffeln besonders gut.

Kalt mariniertes Ochsenfleisch

Die marinierte Ochsenbrust ist ein erfrischendes Sommeressen für mittags oder abends. Besonders praktisch: Die Brühe, die beim Kochen des Fleisches entsteht, eignet sich hervorragend als Basis für eine Suppe, die mit verschiedenen Einlagen serviert werden kann.

Zutaten

1 kg Ochsenbrust
1 Lorbeerblatt
5 Pfefferkörner
1 TL Salz
½ Stange Lauch
2 Karotten

Für die Marinade:
1 Zwiebel
4–5 EL Essig
1 Prise Zucker
½ Bund gehackte Petersilie
1 EL Öl
1 TL Salz
etwas Pfeffer

Zubereitung

1 Die Ochsenbrust in kochendes Wasser einlegen, das Lorbeerblatt, die Pfefferkörner und das Salz dazugeben. Den Lauch und die Karotten putzen, waschen, klein schneiden und ebenfalls dazugeben. Die Ochsenbrust für ca. 1 Stunde leicht köcheln lassen.

2 Für die Marinade: Die Zwiebel abziehen und würfeln. Zusammen mit 250 ml Wasser und den restlichen Zutaten außer dem Öl gut miteinander vermischen.

3 Wenn das Ochsenfleisch fertig ist, legt man es für ca. 15 Minuten in kaltes Wasser. Dann werden die Fettstücke sorgfältig abgeschnitten und das Fleisch wird in Scheiben geschnitten.

4 Die Fleischscheiben werden für mindestens 2 Stunden in die Marinade eingelegt. Vor dem Servieren wird noch das Öl über das Ochsenfleisch geträufelt.

Wer es gerne etwas pikanter mag, kann anstatt der Marinade auch eine würzige Meerrettichsoße zum Ochsenfleisch servieren. Hierfür stellen Sie eine Mehlschwitze her und fügen dieser etwas heiße Fleischbrühe, Milch, Sahne sowie geriebenen Meerrettich hinzu. Zum Schluss alles mit Salz und Pfeffer würzen.

Kalbsbries im Gemüsebett

Das Kalbsbries, die Thymusdrüse des Kalbs, ist für Wachstum und Knochenbildung verantwortlich. Es ist weiß, zart und wird gerne zu Vorspeisen und als Suppeneinlage verwendet – eine Delikatesse. Es ist ratsam, das Bries rechtzeitig beim Metzger zu bestellen.

Zutaten

2 Kalbsbriese (zusammen ca. 500–600 g)
250 ml Essig
2 Karotten
½ Knolle Sellerie
1 kleine Stange Lauch
1 Zwiebel
etwas Butter
Salz, Pfeffer

Zubereitung

1 Das Bries so lange gut wässern, bis kein Blut mehr austritt. Ca. 750 ml Wasser mit dem Essig zum Kochen bringen und das Bries kurz damit überbrühen, damit sich die Haut gut löst.

2 Das Bries häuten, alle knorpeligen Stellen entfernen und in kochendem Essigwasser ca. 25–30 Minuten weich kochen.

3 In der Zwischenzeit die Karotten, den Lauch und den Sellerie putzen und in feine Streifen schneiden. Die Zwiebel abziehen und würfeln. Die Gemüsestreifen mit den Zwiebelwürfeln in etwas Butter andünsten, mit 125 ml Wasser aufgießen, mit Salz und Pfeffer abschmecken und ca. 15 Minuten weich dünsten.

4 Das gekochte Bries in Scheiben schneiden und auf den Gemüsestreifen anrichten. Eventuell noch mit etwas Salz und Pfeffer würzen.

Hat der fränkische Spargel Saison, harmoniert dieser ebenfalls hervorragend zu Kalbsbries. Hierfür den Spargel mit einer leichten Vinaigrette aus Balsamico-Essig, Olivenöl, Cointreau, Salz und Pfeffer beträufeln. Geviertelte Tomaten, Croûtons und ein wenig Balsamico-Creme geben dem Spargelsalat den letzten Pfiff.

Suppen

Endiviensuppe

Im Spätsommer sind in den fränkischen Gärten die Beete voll von erntereifen Endivienstauden. Die Endiviensuppe ist eine leckere Alternative zu Salat und bringt Abwechslung auf den Tisch.

Zutaten

1 Staude Endivien
1 EL Butter
1 EL Mehl
1 l Fleischbrühe
geriebene Muskatnuss
Salz, Pfeffer

Zubereitung

1 Den Endivien putzen, in feine Streifen schneiden und waschen. In einem Topf die Butter schmelzen, den Endivien dazugeben und mit dem Mehl bestäuben.

2 Kurze Zeit andünsten und mit der Fleischbrühe aufgießen. Einmal aufkochen lassen, mit etwas Salz, Pfeffer und Muskatnuss abschmecken.

3 Die Suppe in Tellern anrichten und nach Belieben mit frischem Brot servieren.

Spargelcremesuppe

Obwohl Spargelbruch und dünne Stangen auf dem Markt weniger beliebt sind, kann man aus ihnen allerlei preiswerte Spargelgenüsse zaubern, wie auch diese Cremesuppe.

Zutaten

350–500 g Spargel
40 g Mehl
40 g Butter
ca. 250 ml Hühnerbrühe
1 Eigelb
3 EL süße Sahne
etwas Zucker
gehackte Petersilie
Weißbrot nach Belieben
etwas Butter zum Rösten
Salz

Zubereitung

1 Den Spargel schälen, waschen und die holzigen Enden abschneiden. In 2–3 cm lange Stücke schneiden und mit Wasser bedeckt 15 Minuten köcheln lassen. Dann abseihen und dabei den Spargelsud auffangen.

2 Das Mehl in der heißen Butter hellgelb anschwitzen, mit 250 ml Spargelsud und der Hühnerbrühe auffüllen und durchkochen lassen.

3 Das Eigelb mit der Sahne verrühren und in die Suppe geben, damit sie bindet. Mit Salz und Zucker abschmecken; nicht mehr kochen lassen. Die Spargelstücke dazugeben und mit Petersilie bestreuen.

4 Das Weißbrot in Würfel schneiden, in wenig Butter rösten und in der Suppe servieren.

Endiviensuppe
Spargelcremesuppe

Schwimmerle für die Hochzeitssuppe

Die lockeren Klößchen sind ein wichtiger Bestandteil der fränkischen Hochzeitssuppe. Außerdem gehören noch Leber-, Mark- und Grießklößchen, Flädle und Eierstich hinein. Schwimmerle heißen sie, weil sie immer oben auf der Suppe schwimmen.

Zutaten

15 g Butter
75 g Mehl
2 Eier
1 l Pflanzenfett zum Ausbacken
1 ¼ l Fleischbrühe
Salz

Zubereitung

1 125 ml Wasser mit der Butter und einer Prise Salz zum Kochen bringen. Das Mehl dazugeben und so lange rühren, bis sich ein Klumpen bildet. Vom Feuer nehmen und die Eier nach und nach unterrühren, bis ein geschmeidiger Teig entsteht.

2 Das Fett in einer tiefen Pfanne erhitzen. Mit einem Kaffeelöffel kleine Klößchen abstechen und diese schwimmend im heißen Fett goldbraun ausbacken.

3 Die Schwimmerle abtropfen lassen und in der heißen Fleischbrühe als Suppe anrichten.

Schwimmerle sind nicht nur eine köstliche Einlage für Rinderkraftbrühe und Hochzeitssuppe. Man kann sich die frittierten Brandteigbällchen auch als knusprigen Snack zu Bier und Wein schmecken lassen.

Onkel Gustav

Küfersuppe

Ein herzhaftes Süppchen aus Most oder Wein stand bei den Winzern früher häufig auf der Speisekarte – und wird auch heute in Franken noch gerne gegessen.

Zutaten

1 ½ l Fleischbrühe
250 g geriebener Käse
250 ml Weißwein
Pfeffer
geriebene Muskatnuss
4 Scheiben Weißbrot
4 EL Butter
100 g roher Schinken
2 Zwiebeln

Zubereitung

1 Die Fleischbrühe aufkochen und den Käse hineinrühren. Erneut aufkochen lassen und den Weißwein hinzugeben. Danach mit Pfeffer und Muskatnuss abschmecken.

2 Das Weißbrot in Würfel schneiden und in 2 Esslöffeln erhitzter Butter goldbraun rösten.

3 Den rohen Schinken in feine Streifen schneiden. Die Zwiebeln abziehen und in dünne Ringe schneiden. Beides in der restlichen Butter ebenfalls goldgelb rösten.

4 Die Suppe mit den gerösteten Brotwürfeln, dem Schinken und den Zwiebeln servieren.

Mostsuppe

Zutaten

1 Zwiebel
4 EL Butter
500 ml Bouillon
500 ml Most
1 EL Mehl
eine Prise geriebene Muskatnuss
250 ml süße Sahne
2 Eigelbe
2 Scheiben Weißbrot
1 Prise Zimt
1 TL Salz
etwas weißer Pfeffer

Croûtons sind geröstete Weißbrotwürfel. Sie lassen sich aber ebensogut aus dunklem Bauernbrot herstellen.

Zubereitung

1 Die Zwiebel abziehen und in Würfel schneiden. 1 EL Butter in einem Topf schmelzen und die Zwiebel darin glasig dünsten. Mit der Bouillon und dem Most aufgießen und die Flüssigkeit dann fast bis zur Hälfte einkochen lassen.

2 1 EL Butter mit dem Mehl verkneten und die Suppe unter Rühren mit dem Schneebesen damit binden. Mit Salz, Pfeffer und Muskatnuss abschmecken und die Sahne dazugießen.

3 Die Eigelbe verquirlen. Die Mostsuppe vom Herd nehmen und die Eigelbe einrühren. Die Suppe darf nicht mehr kochen!

4 Die Weißbrotscheiben würfeln und in der restlichen Butter goldbraun rösten. Am Schluss mit etwas Zimt bestäuben. Die Suppe anrichten und die Croûtons darüberstreuen.

Küfersuppe
Mostsuppe

Linsensuppe mit Mehlspatzen

Die Linsensuppe ist ein traditionelles Gericht, das es früher nach dem Schlachttag gab. Sie wurde aus der Kesselbrühe vom Wurstknochen gemacht und schmeckte deshalb besonders kräftig. In die kochende, fast fertige Suppe wurden meist „Mehlspatzen" als sättigende Beilage eingelegt. Dazu noch eine Scheibe Schwarzbrot und das leckere Mittagessen war fertig.

Zutaten

1 Bund Suppengrün
250 g Linsen
1 Msp. Natron
Salz

Für die Spatzen:
500 g Mehl
2 Eier
125 ml Milch
1 Zwiebel
1 EL Butter
Essig
Salz

Zubereitung

1 Für die Suppe das Suppengrün putzen, waschen und kleinschneiden. Die Linsen in 1 Liter kaltem Wasser mit Salz, Natron und dem kleingeschnittenen Suppengrün aufsetzen und ca. 40 Minuten weich kochen lassen.

2 Für die Spatzen das Mehl, die Eier und die Milch zu einem festen Teig verrühren. Den Teig mit einem Esslöffel in die kochende Suppe als Spatzen abstechen.

3 Die Zwiebel abziehen, kleinschneiden und in der erhitzten Butter anrösten.

4 Die Suppe vom Herd nehmen, mit einem Schuss Essig und etwas Salz abschmecken und zu guter Letzt die gerösteten Zwiebeln daraufgeben.

Auch wenn sie unscheinbar daherkommen, sind Linsen kleine Kraftpakete. „Der Kaviar des kleinen Mannes", wie die Hülsenfrüchte auch genannt werden, sind wahre Proteinbomben und besitzen eine Menge an Ballaststoffen. Nicht nur in Suppen, auch in Nudelsoßen oder als Salat sind sie eine Gaumenfreude.

Buttermilchsuppe

Früher blieb in der ländlichen Milchwirtschaft beim Buttern als Rest- oder Nebenprodukt die Buttermilch übrig. Was lange Zeit als „Arme-Leute-Essen“ galt, ist sehr gesund und kommt heute glücklicherweise wieder häufiger auf den Tisch.

Zutaten

1 ½ l gekühlte Buttermilch
Schwarzbrotscheiben
Salz, Pfeffer

Zubereitung

1 Die Buttermilch in Teller füllen.

2 Die Schwarzbrotscheiben in Würfel schneiden und in einer Pfanne mit etwas Öl rösten. Mit Salz und Pfeffer bestreuen und dazugeben.

Die Zubereitung ist sehr einfach, aber die Suppe ist gut im Geschmack und vor allem im Sommer sehr erfrischend.

Lauchsuppe

Außer als Gemüse und als Teil des Wurzelwerks für Braten, macht sich Lauch auch immer als schmackhaftes „Süpple“ sehr gut.

Zutaten

3 Stangen Lauch
2 Zwiebeln
50 g Margarine
1 l Fleischbrühe
1 EL Mehl
2 Ecken Schmelzkäse à 25 g
100 g gekochter Schinken (in Streifen geschnitten)
100 ml süße Sahne
125 ml Weißwein
Zucker
Salz

Zubereitung

1 Den Lauch putzen und gründlich waschen und die Zwiebeln abziehen. Beides in 2 mm dicke Streifen schneiden, in Fett glasig andünsten, dann mit der Brühe aufgießen und 10 Minuten kochen lassen.

2 Das Mehl in 2 Esslöffeln kaltem Wasser anrühren, in die kochende Suppe gießen und aufkochen lassen. Mit dem Schneebesen den Schmelzkäse stückchenweise einrühren, danach die Schinkenstreifen und die Sahne hinzufügen.

3 Als letzten Schritt den Weißwein zugießen und die Suppe mit Salz und Zucker abschmecken.

Buttermilchsuppe
Lauchsuppe

Fränkische Gärtnerin

Eintopfrezepte standen früher häufig auf dem Speisezettel. Die „fränkische Gärtnerin“ hat ihren Namen von den zahlreichen Gemüsesorten, die je nach Jahreszeit im Bauerngarten geerntet werden können.

Zutaten

1 Petersilienwurzel
600 g Hochrippe vom Rind
je 200 g grüne Bohnen, Karotten, Kohlrabi, Wirsing und Blumenkohl
1 große Stange Lauch
500 g Kartoffeln
100 g durchwachsener Speck
2 Zwiebeln
Streuwürze
1 Prise Zucker
feingehackte Petersilie
Salz, Pfeffer

Zubereitung

1 Die Petersilienwurzel putzen und in Stücke schneiden. Das Rindfleisch unter kaltem Wasser abspülen. In einem großen Topf 1 ½ Liter Wasser aufkochen und mit Salz und Pfeffer würzen. Das Fleisch hineinlegen, die Petersilienwurzel dazugeben und 70 Minuten köcheln lassen.

2 In der Zwischenzeit die Bohnen, die Karotten, den Kohlrabi, den Wirsing und den Blumenkohl putzen, waschen und in kleine Stücke schneiden bzw. in Röschen zerteilen.

3 Den Lauch gründlich waschen und putzen, die Kartoffeln schälen und beides ebenfalls in Stücke schneiden. Alles zum Fleisch in den Topf geben und weitere 30 Minuten kochen. Den Speck in Würfel schneiden. Die Zwiebeln abziehen und fein schneiden.

4 10 Minuten vor Ende der Garzeit den gewürfelten Speck in einer Pfanne auslassen. Die Zwiebeln darin goldgelb braten und zum Eintopf geben. Mit Streuwürze, Zucker und Salz abschmecken und vor dem Servieren mit Petersilie bestreuen.

Zur damaligen Ausstattung gehörten große Töpfe, die oft Generationen überdauerten.

Frisches Gemüse direkt aus dem Bauerngarten ist die Hauptzutat der „fränkischen Gärtnerin“.

GARANTIE
FEINSTAHL

Fisch

Gebackener Karpfen

In den mittelfränkischen Gewässern ist der Karpfen weit verbreitet. Gebacken ist er im Frankenland einfach ein Muss! Und in der Panade bleibt der Fisch besonders saftig.

Zutaten

2 ganze, frisch geschlachtete Karpfen
Saft von 1 Zitrone
Mehl
3 Eier
Paniermehl
Salz, Pfeffer
Pflanzenfett zum Ausbacken

Zubereitung

1 Die frisch geschlachteten Karpfen gut auswaschen und mit Küchenpapier trockentupfen. Dann die Fische der Länge nach halbieren und mit Zitronensaft abreiben.

2 Den Fisch nun mit Salz und Pfeffer würzen und dann nacheinander in Mehl, den verquirlten Eiern und als Letztes gut in Paniermehl wenden.

3 In einer großen Pfanne das Fett erhitzen. Die Karpfenhälften dann im heißen Fett 10–15 Minuten schön knusprig ausbacken. Den fertigen Fisch im Ofen warm halten, bis alle Teile gebacken sind. Dazu schmeckt lauwarmer Kartoffelsalat besonders gut.

Hausgemachte Remouladensoße passt neben Kartoffelsalat ideal zu gebackenem Karpfen. Hierfür einfach Schalotten, fein gehackte Petersilie, Eier, Gurken und Kapern mit Mayonnaise, Joghurt, Zitronensaft und Senf vermengen.

In Franken ist jedes Jahr von September bis April Karpfensaison. Eine besondere Spezialität ist der Aischgründer Karpfen.

Hechtklößle in Dillrahmsoße

Der Hecht ist ein typischer Raubfisch, dessen täglich benötigte Nahrung so viel wiegt, wie er selbst. Angler wünschen sich meist einen möglichst großen Hecht an die Angel, doch Kenner wissen, dass ein gerade zweijähriger Hecht von etwa zwei Kilogramm am besten schmeckt.

Zutaten

600 g Hechtfleisch ohne Gräten
Cayennepfeffer
2 Eiweiß
125 g saure Sahne
Salz, Pfeffer

Für die Soße:
30 g Butter
40 g Mehl
250 ml Hechtklößchenfond
250 ml Weißwein
etwas gekörnte Brühe
Saft von ½ Zitrone
150–200 g saure Sahne
1 Bund Dill
Salz, Pfeffer

Zubereitung

1 Das Hechtfleisch enthäuten, säubern und durch die feine Scheibe des Fleischwolfes drehen. Mit Salz, Pfeffer und Cayennepfeffer würzen und gut mit den Eiweißen verrühren. Nach und nach mit der sauren Sahne zu einem Fischteig verarbeiten.

2 1 Liter Wasser zum Kochen bringen, Salz dazugeben und mit 2 Esslöffeln Klößchen aus dem Fischteig formen. Diese sofort ins Wasser einlegen und bei genügend Hitze in 10 Minuten gar ziehen lassen.

3 Für die Soße die Butter zerlassen, das Mehl einrühren und die helle Mehlschwitze (siehe Seite 104) mit dem Fond und dem Weißwein ablöschen. Die Soße mit den Gewürzen abschmecken und den Zitronensaft sowie die saure Sahne unterrühren. Den Dill waschen, trocken schütteln und klein hacken.

4 Die Klößchen nun mit einer Schaumkelle aus dem Wasser nehmen und in eine vorgewärmte Schüssel geben. Den Dill unter die Soße rühren, diese über die Hechtklößchen gießen und sofort servieren.

Wenn Sie frischen Dill in Eiswürfelbehälter portionsweise einfrieren, haben Sie immer welchen zur Hand.

Eine Mischung aus Wildreis und weißem Langkornreis ist die ideale Beilage.

Fischragout

In Franken gibt es zahlreiche Weiher und Teiche und somit viele Süßwasserfische. Für das Fischragout können Filets von frischen Forellen, Stückchen vom Waller oder auch vom Aal genommen werden.

Zutaten

4 Fischfilets à 200 g
Saft von 1 Zitrone
Salz

Für die Soße:
40 g Butter
50 g Mehl
125 ml heiße Fleischbrühe
1 Tasse Weißwein
1 TL scharfer Senf
½ Dose Champignons (230 g)
125 ml süße Sahne
1 Bund frische Petersilie
Salz, Pfeffer

Zubereitung

1 Die Fischfilets waschen, trocken tupfen und mit Zitronensaft beträufeln. 10 Minuten ziehen lassen, salzen und in gleichmäßige Würfel schneiden.

2 Für die Soße die Butter erhitzen und das Mehl hineinrühren, sodass eine helle Mehlschwitze entsteht (siehe Schritt-für-Schritt-Anleitung auf Seite 104). Diese mit der Fleischbrühe ablöschen und die Soße unter ständigem Rühren aufkochen. Den Weißwein dazugießen, mit Salz, Pfeffer und Senf abschmecken. Die Champignons in einem Sieb abtropfen lassen und zur Soße dazugeben. Die Fischwürfel in die Soße geben und alles ca. 10 Minuten ziehen lassen.

3 Als Letztes die Sahne einrühren, kurz erhitzen und mit gehackter Petersilie bestreuen.

Zu dem Fischragout schmecken Salzkartoffeln besonders gut.

Wer es etwas frischer mag, kann auch einen grünen Salat dazu servieren.

Gefüllte Forelle in Rieslingsoße

Fangfrische Forellen stehen in Franken häufig auf der Speisekarte. Wenn Sie die Forellen nicht selbst ausnehmen möchten, können Sie sie beim Fischhändler auch küchenfertig bestellen.

Zutaten

250 g Pilze
1 Zwiebel
1 Bund Petersilie
1 Bund Dill
80–100 g Butter oder Butterschmalz
4 Forellen
250 ml Frankenwein (Riesling)
250 ml süße Sahne
Salz
Butter für die Form

Zubereitung

1 Die Pilze mit einer Gemüsebürste oder einem Kuchenpinsel säubern. Nicht waschen, da sie sich schnell mit Wasser vollsaugen und an Geschmack verlieren! Die Stielenden abschneiden und die Pilze in Scheiben schneiden. Die Zwiebel abziehen und würfeln. Die Petersilie und den Dill waschen, trocken schütteln und klein hacken. Anschließend alles zusammen in wenig Fett andünsten.

2 Die Forellen ausnehmen, waschen und trocken tupfen. Mit der vorbereiteten Pilz-Kräuter-Masse füllen, mit Holzstäbchen zustecken und salzen. Den Backofen auf 200 °C (Umluft 180 °C) vorheizen.

3 Eine feuerfeste Form ausbuttern und die Forellen hineinlegen. Den Rest der Füllung darüber verteilen. Alles mit dem Frankenwein übergießen und 20–30 Minuten im vorgeheizten Backofen garen.

4 Zum Schluss noch die Sahne darübergießen und mit Petersilienkartoffeln servieren.

Den Fisch immer wieder anders zu servieren, um eine gesunde, leichte und delikate Abwechslung auf den Speiseplan zu bringen, ist eine reizvolle Aufgabe für die Franken. So wird die Forelle auch mal modern auf einem Bett aus Zitronenscheiben, Tomaten und Rosmarin oder mit Fenchelgemüse gereicht.

Gemüsegerichte & Beilagen

Spargel mit fränkischen Bratwürsten

In Franken ist die Bratwurst „heilig". Jeder Landstrich, fast jede Stadt hat eine eigene – an der Bratwurst erkennt man die Gegend. Größe, Dichte, Gewürze usw. werden „streng geheim" gehalten. Es gibt zahllose Varianten und so ist es auch mit den Zubereitungsmöglichkeiten – von gebraten bis gesotten.

Zutaten

2 kg fränkischer Stangenspargel
1 TL Zucker
250 g Butter
1 EL Zitronensaft
1 kg Kartoffeln
4 Paar fränkische Bratwürste
50 g Butterschmalz
Salz

Zubereitung

1 Den Spargel schälen und die holzigen Enden abschneiden.

2 In einem großen Topf ca. 3 Liter Wasser aufsetzen, den Zucker, 2 Teelöffel Salz, 50 g Butter und den Zitronensaft dazugeben. Wenn das Wasser kocht, den Spargel hineinlegen und 15–20 Minuten garziehen lassen.

3 In der Zwischenzeit die Kartoffeln schälen und weich kochen. Dann die Bratwürste abbrühen und in dem Butterschmalz schön braun braten. Anschließend die restliche Butter bei kleiner Hitze schmelzen.

4 Den fertigen Spargel aus dem Topf nehmen, abtropfen lassen und zusammen mit den Bratwürsten, der Butter und den Kartoffeln servieren.

a.
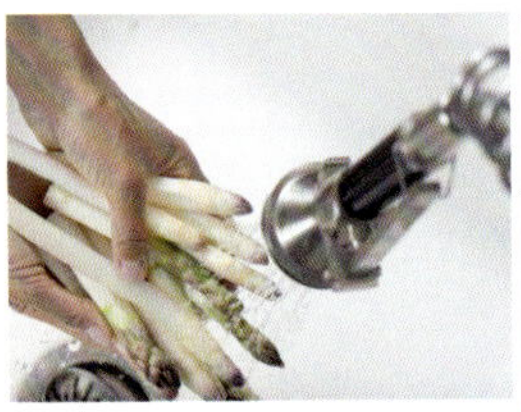

b.
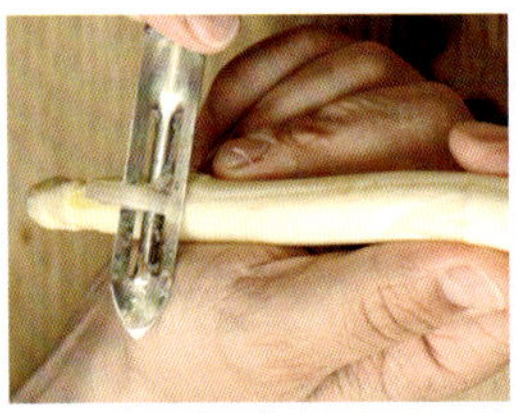

c.

Bild a: Die Spargelstangen unter fließendem Wasser gründlich waschen und anschließend über der Spüle abtropfen lassen.
Bild b: Den Sparschäler direkt unter dem Stangenkopf ansetzten und damit rundherum die Schale abziehen. Am unteren Teil der Spargelstange darf ruhig etwas großzügiger geschält werden, hier ist die Schale besonders dick.
Bild c: Zu guter Letzt die holzigen Enden abschneiden.

Spargelsalat

Fest, leicht zu brechen, jedoch nicht biegsam – so muss er sein, der frische Spargel. Weiterhin müssen die Schnittenden saftig sein und der Spargel sollte quietschen, wenn man die Stangen aneinander reibt, denn dies ist ebenfalls ein Zeichen für Frische.

Zutaten

2 kg Spargel

Für das Dressing:
etwas Zucker
½ Tasse Estragon-Essig
2 Tassen Spargelbrühe
1 Bund frischer Schnittlauch
4 EL Speiseöl
Salz, Pfeffer

Zubereitung

1 Den Spargel vom Kopf zum Schnittende hin schälen – vorsichtig, aber gründlich, denn holzige Reste oder Enden am Spargel können das ganze Essvergnügen verderben. Anschließend die Schnittenden abschneiden.

2 In einem großen Topf mit Salzwasser den geschälten Spargel je nach Dicke 15–20 Minuten kochen.

3 Für das Dressing alle Zutaten außer dem Schnittlauch und dem Öl miteinander verrühren.

4 Den Spargel mit einer Schaumkelle herausnehmen und heiß in das Dressing legen. Ca. 2 Stunden durchziehen lassen und zum Schluss den geschnittenen Schnittlauch und das Öl auf den Salat geben.

Nehmen Sie für das Rezept doch auch einmal grünen Spargel.

Sie können ihn 10-15 Minuten in kochendem Salzwasser garen.

Braten Sie ihn jedoch in der Pfanne an, verleiht das den Spargelstangen ein leckeres Röstaroma.

ERZEUGERABFÜLLUNG FÜRSTLICH
1992
Silvaner

Kümmerlesgemüs

Das Maintal ist bekannt als großes Anbaugebiet für Obst und Gemüse. Ein ganz vielseitiges und heimisches Gemüse ist das „Kümmerle" (Salatgurke) – als Gemüse, Salat, Suppe, süß-sauer oder herzhaft.

Zutaten

2 Kümmerle (Salatgurken) zu je 200 g
3 Tomaten
1 Zwiebel
80–100 g Butterschmalz
Paprika
Essig
2 EL süße Sahne
Salz, Pfeffer

Zubereitung

1 Die Gurken schälen, halbieren und die Kerne mit einem Esslöffel herausschaben. Die Gurkenhälften in ½ cm dicke Streifen schneiden. Die Tomaten abbrühen, schälen, entkernen und vierteln.

2 Die Zwiebel abziehen und würfeln. Das Butterschmalz erhitzen und die Zwiebelwürfel im Fett glasig braten. Dann die Gurken und Tomaten dazugeben und leicht andünsten lassen. Nach 10 Minuten mit Salz, Pfeffer, Paprika und Essig abschmecken. Zum Schluss mit der Sahne verfeinern.

Rauchfleischdotschen

Der Erdkohlrabi, auch Steckrübe oder gelbe Kohlrübe genannt, heißt in Franken „Dotschen". Nachdem es lange Zeit geschmäht worden war, ist das gesunde und nahrhafte Gemüse heute wieder recht häufig zu finden.

Zutaten

600–700 g Dotschen (Steckrüben)
500 g Rauchfleisch
2 EL Butter
3–4 EL Mehl
gekörnte Brühe
Salz, Pfeffer

Zubereitung

1 Die Steckrüben waschen, schälen und in Würfel schneiden. Wasser zum Kochen bringen, die Steckrüben hineingeben und kurz aufkochen lassen. Dann das Wasser wegen des starken Kohlgeschmacks abgießen.

2 Das Gemüse erneut mit Wasser aufsetzen, das Rauchfleisch dazulegen und ca. 1 Stunde kochen lassen.

3 Eine helle Mehlschwitze aus Butter und Mehl herstellen, mit 500 ml Kochwasser ablöschen und die Kohlrüben dann wieder in die sämige Soße geben.

4 Das Gemüse mit Salz, Pfeffer und gekörnter Brühe abschmecken und das Rauchfleisch dazu servieren.

Kümmerlesgemüs
Rauchfleischdotschen

Kartoffelauflauf

Die Franken lieben ihre Kartoffel – und nennen sie Erdapfel, Erdbirne oder Grundbirne. Eine von vielen Spezialitäten, die sie aus Kartoffeln zaubern, ist der Kartoffelauflauf.

Zutaten

1 Zwiebel
100 g durchwachsener Speck
50 g Butter
1 kg festkochende Kartoffeln
1 Stange Lauch
250 ml süße Sahne
100 g geriebener Käse
etwas gehackte Petersilie
Salz, Pfeffer

Zubereitung

1 Die Zwiebel abziehen und klein würfeln. Den Speck ebenfalls in Würfel schneiden. Die Butter erhitzen und beides darin schön knusprig braun braten. Dann den Boden einer Auflaufform damit bedecken.

2 Die Kartoffeln waschen, schälen, in dünne Scheiben schneiden und schichtartig in die Auflaufform setzen. Den Backofen auf 200 °C (Umluft 180 °C) vorheizen.

3 Den Lauch gründlich waschen, in Ringe schneiden und über den Kartoffeln verteilen. Die Sahne mit Salz und Pfeffer würzen und gleichmäßig darübergießen. Jetzt einen Deckel auf die Auflaufform geben und das Ganze für 30 Minuten in den vorgeheizten Backofen schieben.

4 Zum Schluss den Deckel abnehmen, den Auflauf mit dem Käse und der Petersilie bestreuen und weitere 15–20 Minuten bei 250 °C (Umluft 230 °C) schön braun backen.

Die oberfränkische Kartoffelsorte „Bamberger Hörnchen“ ist eine regionale Besonderheit.

Neben Kartoffelauflauf sind auch Bratkartoffeln eine beliebte Beilage in Franken.

Auch Kartoffelbrei wird gerne zu den deftigen Fleischgerichten gereicht.

Bauchstecherle

Zutaten

700 g Kartoffeln
2 EL Mehl
2 EL Grieß
6 EL Milch
Schmalz zum Braten
Salz, Pfeffer

Bauchstecherle passen gut zu Schmorbraten oder auch zu süßem Kompott.

Zubereitung

1 Die Kartoffeln waschen und mit der Schale in einem großen Topf mit Salzwasser weich kochen. Dann pellen und abkühlen lassen.

2 Die abgekühlten Pellkartoffeln grob reiben und mit dem Mehl, dem Grieß und der Milch vermengen. Den entstandenen Teig mit Salz und Pfeffer würzen und daraus kleine, flache Puffer formen.

3 Das Schmalz in einer Pfanne erhitzen und die Puffer darin auf beiden Seiten braun braten.

Löffelspatzen

Löffelspatzen oder Mehlspatzen gab's früher oft auch als fleischloses Essen. Man reichte dazu entweder Blatt- oder Gurkensalat, wahlweise auch Kompott. Dafür wurden die fertigen Spatzen in heißer Butter noch schön braun angebraten. In jedem Falle ein sättigendes Essen, das bei der schweren körperlichen Arbeit damals auch benötigt wurde.

Zutaten

1 Brötchen
30 g Butter
2–3 Eier
250 ml Milch
500 g Mehl
1 TL Salz

Zubereitung

1 Das Brötchen in kleine Würfel schneiden. In einer Pfanne die Butter erhitzen und die Brotwürfel darin braun rösten, dann wieder abkühlen lassen.

2 In einem großen Topf Salzwasser zum Kochen bringen. Aus den Eiern, der Milch, dem Mehl und dem Salz einen schweren Teig rühren und diesen gut durchschlagen. Dann die angerösteten Brotwürfel untermischen.

3 Wenn das Salzwasser kocht, sticht man mit 2 Esslöffeln die „Spatzen" vom Teig ab und lässt sie im Topf ca. 5 Minuten ziehen, bis sie gut aufgequollen sind.

4 Zum Schluss die Löffelspatzen in ein Sieb abschütten und servieren. Sie schmecken besonders gut zu Gulasch.

Bauchstecherle
Löffelspatzen

Fränkische Klöße

In Franken isst man zu Schweinebraten oder Gans traditionell „Knidla", Kartoffelklöße. Am liebsten ist den Franken die fränkische Klößpalette, die aus rohen und gekochten Klößen besteht. Allen gemeinsam ist die Füllung, die „Weckbröckeli".

Zutaten für gekochte Klöße

750 g Kartoffeln (mehlig kochend)
geriebene Muskatnuss
125 ml heiße Milch
200 g Kartoffelmehl
2 EL Butter
3 Scheiben Weißbrot
Salz

Zubereitung

1 Die Kartoffeln waschen und in einem großen Topf mit Salzwasser gar kochen, dann pellen und noch heiß durch die Kartoffelpresse drücken. Die Kartoffelmasse salzen, etwas Muskat dazugeben und die heiße Milch darübergießen. Leicht abkühlen lassen und mit dem Kartoffelmehl zu einem glatten Teig verkneten.

2 Die Butter in einer Pfanne erhitzen. Das Weißbrot in Würfel schneiden und in der Butter goldbraun rösten.

3 Aus dem Teig mit nassen Händen Klöße formen und in die Mitte jeweils 2–3 geröstete Brotstücke drücken. Die Klöße in kochendes Salzwasser einlegen und 20 Minuten gar ziehen lassen.

Zutaten für rohe Klöße

1 ½ kg Kartoffeln (mehlig kochend)
500 g gekochte Kartoffeln (mehlig kochend)
250 ml heiße Milch
3 EL Butter
5 Scheiben Weißbrot
Speisestärke nach Bedarf
Salz

Zubereitung

1 Die rohen Kartoffeln schälen und fein reiben, danach in ein Leinensäckchen geben und fein auspressen. Die Flüssigkeit auffangen und die Stärke absetzen lassen.

2 Die gekochten Kartoffeln pellen, durch eine Presse drücken und zu den roh geriebenen Kartoffeln geben. Die Kartoffeln salzen, die abgesetzte Stärke dazugeben und mit der heißen Milch übergießen. Das Ganze zu einem glatten Teig verarbeiten.

3 Die Butter in einer Pfanne erhitzen. Das Weißbrot in Würfel schneiden und in der Butter goldbraun rösten.

4 Aus dem Teig mit nassen Händen Klöße formen und in die Mitte jeweils einige geröstete Brotwürfelchen geben.

5 Einen Probekloß kochen und den Teig bei Bedarf noch mit etwas Speisestärke binden.

6 Die Klöße in leicht kochendem Salzwasser ca. 20 Minuten gar ziehen lassen, dabei den Deckel nur halb auflegen.

a.

c.

b.

Bild a: Die gekochten Kartoffeln werden durch die Kartoffelpresse gedrückt.
Bild b: Die restlichen Zutaten hinzufügen und mit den Händen Klöße formen.
Bild c: Die Klöße in kochendes Salzwasser geben und sieden lassen. Sie sind gar, wenn sie oben schwimmen.

Kartoffelgemüse

Zutaten

8 mittelgroße Kartoffeln
1 Zwiebel
2 EL Fett
3 EL Mehl
Essig
geriebene Muskatnuss
gehackte Petersilie
2 EL saure Sahne
2 Paar Leberwürste
2 Paar Knäudele (Fränkische Blutwürste)
1–2 EL Fett zum Braten
Salz, Pfeffer

Zubereitung

1 Die Kartoffeln waschen und mit der Schale gar kochen. Dann pellen und in Scheiben schneiden.

2 Die Zwiebel abziehen und in Würfel schneiden. Das Fett erhitzen und die Zwiebelwürfel darin glasig dünsten. Mit dem Mehl bestäuben und kurz rösten lassen. Anschließend mit 250 ml Wasser aufgießen, einen Schuss Essig dazugeben und mit Salz, Pfeffer und Muskat abschmecken.

3 In die sämige Soße die Kartoffelscheiben geben und vorsichtig durchrühren. Zum Schluss mit gehackter Petersilie bestreuen und die saure Sahne daraufgeben.

4 In der Zwischenzeit die Leberwürste und die Knäudele in heißem Fett schön braun braten und zum Kartoffelgemüse servieren. Dazu passt ein selbstgemachter Rote-Rüben-Salat.

Rote-Rüben-Salat

Zutaten

3 mittelgroße rote Rüben (Rote Bete)
4–5 EL Weinessig
2 TL Zucker
1 TL Senf
1 TL Anis
3 EL Salatöl
1 Zwiebel
1 EL gehackte Petersilie
Salz, Pfeffer

Die Kombination von Kartoffelgemüse und Rote-Bete-Salat ist ein Klassiker in der fränkischen Küche. Häufig werden noch knackige Essiggurken dazu gereicht.

Zubereitung

1 Die roten Rüben waschen und mit etwas Wasser im Topf 25–30 Minuten weich kochen.

2 In der Zwischenzeit aus 250 ml Wasser, Essig, Zucker, Senf, Anis und Salatöl ein Dressing herstellen und mit Salz und Pfeffer würzen.

3 Die Zwiebel abziehen, in Würfel schneiden und zusammen mit der kleingehackten Petersilie dazugeben.

4 Die Rüben in kaltem Wasser kurz abschrecken und die Haut abziehen. Die noch warmen Rüben in feine Scheiben schneiden und sofort ins Dressing legen. Den Salat mindestens 1 Stunde ziehen lassen.

Kartoffelgemüse
Rote-Rüben-Salat

Schafmäuli-Sellerie-Salat

Die Franken nennen den Feldsalat Schafmäuli, woanders ist er auch als Ackersalat oder Rapunzel bekannt. Er ist wenig frostempfindlich und deshalb der ideale Wintersalat.

Zutaten

200 g Schafmäuli (Feldsalat)
1 kleine Zwiebel
½ Sellerieknolle
1 mittelgroßer Apfel
Saft von 1 Zitrone
1 TL Kräutersalz
2 TL Zucker
1 EL Senf
3 EL Weinessig
etwas Pfeffer

Zubereitung

1 Den Feldsalat putzen, gründlich waschen und abtropfen lassen. Die Zwiebel abziehen und kleinschneiden.

2 Den Sellerie und den Apfel schälen, beide fein reiben und sofort mit dem Zitronensaft vermischen, damit sie nicht braun werden.

3 Aus dem Kräutersalz, dem Zucker, dem Senf, dem Essig, 125 ml Wasser, etwas Pfeffer und der Zwiebel ein pikantes Dressing herstellen.

4 Zuerst das Sellerie-Apfel-Gemisch in die Marinade geben, dann den Feldsalat dazu und zum Schluss alles vorsichtig mischen und servieren.

Weltbekannt wurde der Salat durch das Märchen „Rapunzel", in dem der Verzehr des Rapunzel-Salats weitreichende Folgen hat.

Feldsalat enthält viel Eisen. Damit der Körper es gut aufnehmen kann, benötigt er Vitamin C. Deshalb ist der Spritzer Zitronensaft im Dressing nicht nur wichtig für den Geschmack.

Hauptgerichte mit Fleisch

Schweinelendchen im Brotteig

Dieses Rezept ist eine Abwandlung einer alten Tradition: Wenn früher die Brotlaibe im Backhaus gebacken waren, hat man in den letzten Teig ein Stück Schinken gewickelt und gebacken. Nach getaner Arbeit wurde dieser Brotteigschinken gemeinsam verzehrt.

Zutaten für 5–6 Personen

1 Schweinelendchen (ca. 500 g)
je 1 Msp. schwarzer Pfeffer
und getrockneter Thymian
2 EL Öl
500 g Weißkohl
1 große Zwiebel
50 g durchwachsener Speck
1 TL gekörnte Brühe
1–2 TL Kümmel
400 g Brotteig
etwas Mehl zum Verarbeiten
1 Ei zum Bestreichen
¼ TL Salz
¼ TL Pfeffer

Sie können den Brotteig natürlich selbst machen, aber wenn Sie einen Bäcker in der Nähe haben, bei dem Sie ihn bestellen können, erspart das viel Zeit und Mühe.

Zubereitung

1 Das Schweinelendchen waschen, putzen und mit Pfeffer und Thymian einreiben. Das Lendchen in 1 Esslöffel Öl von allen Seiten gut anbraten und dann abkühlen lassen.

2 Vom Weißkohl die schadhaften Blätter entfernen. Den Kohl waschen, vom Strunk befreien und in Streifen schneiden.

3 Die Zwiebel abziehen und fein hacken. Den Speck würfeln und im restlichen Öl knusprig braun braten. Die Zwiebel und den Weißkohl dazugeben und bei schwacher Hitze einige Minuten dünsten. Danach mit Salz, Pfeffer, gekörnter Brühe und Kümmel würzen.

4 Den Backofen auf 200 °C (Umluft 180 °C) vorheizen. Den Teig auf einer bemehlten Arbeitsfläche zu einem Rechteck ausrollen, den gut abgetropften Weißkohl darauf verteilen und das Schweinelendchen darüberlegen.

5 Die Teigränder mit verquirltem Eiweiß bestreichen, über der Füllung zusammenschlagen und festdrücken. Im vorgeheizten Backofen ca. 40 Minuten auf der unteren Schiene backen.

Lassen Sie doch mal die Gemüsefüllung weg und reichen Sie stattdessen ein exotisches Mangochutney zum Schweinelendchen im Brotteig. Hierfür müssen Sie lediglich Zwiebeln und eine Chilischote anbraten. Danach geben Sie Mangostücke hinzu und kochen das Ganze mit Apfelessig, Zucker, Salz, Limettensaft, Kardamom, Currypulver, Salz und Pfeffer auf.

Schweinebraten am Knochen

Der Kammbraten mit Knochen ist eines der saftigsten Stücke vom Schwein – und wenn er dann noch mit Knoblauch gespickt ist, schmeckt er besonders raffiniert. In Franken isst man dazu natürlich Kartoffelklöße und Rotkohl.

Zutaten für 5–6 Personen

1 kg Schweinekamm mit Knochen
5 Knoblauchzehen
2 EL Senf
100 g Fett zum Braten
1 Karotte
1 Stück Sellerie
½ Stange Lauch
1 Zwiebel
1 Stück Schwarzbrotrinde
250 ml Weißwein
Salz, Pfeffer

Zubereitung

1 Den Schweinekamm waschen und trockentupfen. Die Knoblauchzehen abziehen, vierteln und den Braten ringsherum damit spicken. Danach das Fleisch mit Salz und Pfeffer würzen und mit Senf einreiben. Anschließend den Braten im heißen Fett von allen Seiten schön braun anbraten.

2 Die Karotte, den Sellerie und den Lauch putzen, waschen und in Stücke schneiden. Die Zwiebel abziehen und kleinschneiden. Die Brotrinde klein würfeln. Das Gemüse, die Zwiebel und die Brotrinde kurz mitbraten. Dann den Wein und 250 ml Wasser angießen, den Bräter abdecken und den Braten ca. 1 Stunde schmoren lassen.

3 Den Backofen auf 200 °C (Umluft 180 °C) vorheizen. Das Fleisch aus dem Bräter nehmen und im vorgeheizten Backofen weitere 20 Minuten schön bräunen. In der Zwischenzeit die Soße passieren und abschmecken.

Schweinebraten lässt sich sehr gut einige Tage im Kühlschrank aufbewahren. Die Franken schneiden sich gerne die Reste ihres Sonntagsbratens auf und genießen ihn mit Gewürzgurken, Senf oder geriebenem Meerrettich.

Ochsenfleisch mit Kren

Meerrettich nennt man in Süddeutschland Kren. Er sollte möglichst frisch sein und keine holzige Wurzel haben. In einer Meerrettichsoße passt er hervorragend zu Ochsenfleisch.

Zutaten

½ Zwiebel
1 Knoblauchzehe
1 Tomate
1 Bund Suppengrün
80 g Schmalz
1 kg Ochsenfleisch
(am besten Bugblatt oder Tafelspitz)
Salz, Pfeffer

Für die Krensoße (Meerrettichsoße):
1 Stange frischer Meerrettich
50 g Butterschmalz
3 EL Paniermehl
250 ml Fleischbrühe
1 Eiweiß nach Belieben
je 1 TL Salz und Zucker

Meerrettich ist ein Wurzelgemüse, das am besten frisch gerieben verwendet wird.

Zubereitung

1 Die Zwiebel und den Knoblauch abziehen. Die Zwiebel kleinschneiden und den Knoblauch pressen. Die Tomate waschen, vom Strunk befreien und vierteln. Das Suppengrün putzen, waschen und kleinschneiden. Das Schmalz im Topf erhitzen, die Zwiebel, den Knoblauch, die Tomate und das Suppengemüse dazugeben und anbräunen.

2 Das Fleisch pfeffern und salzen und danach von beiden Seiten im Topf kurz anschmoren lassen. Anschließend mit Wasser auffüllen, bis das Fleisch eben bedeckt ist, und 1 ½–2 Stunden ziehen lassen.

3 Kurz vor Ende der Garzeit die Meerrettichsoße vorbereiten: Den Meerrettich sorgfältig putzen und fein reiben. Das Butterschmalz in einem Topf erhitzen und den Meerrettich darin anrösten. Das Paniermehl hinzugeben und kurz mitrösten. Danach mit Brühe aufgießen, gut durchrühren und mit Salz und Zucker abschmecken. Die Soße 15–20 Minuten leicht kochen lassen und nochmals abschmecken.

4 Nach spätestens 2 Stunden Garzeit das Fleisch herausnehmen und in fingerdicke Scheiben schneiden. Die Scheiben in vorgewärmten Tellern – das Gericht muss unbedingt heiß gegessen werden – anrichten. Zum Schluss noch Brühe darübergießen und mit Krensoße umgeben.

5 Ganz traditionell ist es, ein Eiweiß zu steifem Schnee zu schlagen und oben auf die Krensoße zu setzten.

Herzragout

Zutaten

500 g Rinderherz
1 Bund Suppengrün
4–6 Zwiebeln
40 g Bratfett
40 g Mehl
375 ml Fleischbrühe
Curry
1 Glas Rotwein
125 ml süße Sahne
Schnittlauchröllchen
gehackte Petersilie
Salz

Zubereitung

1 Das Herz in kochendes Salzwasser geben. Das Suppengrün putzen, waschen und klein schneiden. Nach 1 ½ Stunden Kochzeit das Suppengrün dazugeben und alles fertiggaren.

2 Das Bratfett in einer Pfanne erhitzen. Die Zwiebeln abziehen, klein würfeln und im heißen Fett glasig dünsten. Danach mit Mehl bestäuben und unter Rühren goldbraun rösten.

3 Mit der Fleischbrühe unter Rühren aufgießen, aufkochen lassen und die Soße mit Salz, Curry, Rotwein und Sahne abschmecken.

4 Das gekochte Rinderherz in Würfel schneiden und in die Soße geben. Am Schluss mit gehackter Petersilie und Schnittlauchröllchen bestreuen. Dazu schmecken Semmelknödel.

Semmelknödel und ein frischer Salat passen zu allen Fleischgerichten – und besonders gut zu dem Herzragout.

Ein edler Tropfen aus dem Frankenland rundet den einzigartigen Geschmack dieses Gerichtes perfekt ab.

Feiner
Fränkischer
Tresterbrand
42% Vol

Eingemachtes Kalbfleisch

Dieses Gericht hat seinen Namen nicht vom herkömmlichen Wort „einmachen“. In diesem Fall bedeutet „einmachen“ das Marinieren des Kalbfleisches über Nacht, damit es besonders zart wird und den für dieses Gericht typischen säuerlichen Geschmack erhält.

Zutaten

1 kg Kalbsbrust
1 Zwiebel
2 Nelken
1 Lorbeerblatt
1 EL Essig
500 ml Weißwein
Salz

Für die Soße:
50 g Butter
50 g Mehl
500 ml Kochbrühe
125 ml Weißwein
1 Eigelb
3 EL süße Sahne
Saft von ½ Zitrone
½ Bund gehackte Petersilie

Zubereitung

1 Das Kalbfleisch in gleich große Würfel von ca. 2 cm schneiden. Die Zwiebel abziehen, vierteln, mit den Nelken, dem Lorbeerblatt, dem Essig und dem Weißwein mischen und das Fleisch darin über Nacht durchziehen lassen. Dann 500 ml Wasser und das Salz dazugeben, erhitzen und das Fleisch in dieser Marinade ca. 30 Minuten weich kochen.

2 Für die Soße eine Mehlschwitze (siehe unten) herstellen. Diese anschließend aufkochen lassen und den Weißwein dazugießen. Danach die abgetropften Fleischwürfel in die Soße geben und alles zusammen noch ca. 10 Minuten leicht durchkochen.

3 Das Eigelb mit der süßen Sahne und dem Zitronensaft verrühren und die Soße am Schluss damit binden: Damit das Eigelb nicht gerinnt, zuerst einen Löffel heiße Soße mit dem Ei-Sahne-Zitronen-Gemisch verrühren und dieses dann unter die Soße mischen. Sie darf nicht mehr kochen!

4 Vor dem Servieren die gehackte Petersilie darüberstreuen. Nudeln mit gerösteten Bröseln passen als Beilage am besten.

a.

b.

c.

Bild a: In einem Topf die Butter erhitzen.
Bild b: Das Mehl hinzufügen und mit einem Kochlöffel unter Rühren anschwitzen, bis es andickt.
Bild c: Unter ständigem Weiterrühren so viel Kochbrühe untermischen, bis eine sämige Soße entstanden ist.

FRANKENWEIN
FRANKEN
WEINGUT
1992 STETTENER STEIN
KABINETT TROCKEN
QUALITÄTSWEIN MIT
PRÄDIKAT FRANKEN

Surhaxe

Anders als die einfache Schweinshaxe, ist die fränkische Surhaxe gepökelt. Bei diesem Prozess verbindet sich der rote Blutfarbstoff mit dem Nitrit, wodurch er hitzebeständig wird und das Fleisch seine rosarote Farbe behält.

Zutaten

1 Hinterhaxe vom Kalb
2–3 EL Butterschmalz
2 Karotten
1 kleine Sellerieknolle
1 Stange Lauch
1 Lorbeerblatt
5 Pfefferkörner
1 TL Salz
125 ml Essig

Zubereitung

1 Die Kalbshaxe abwaschen, trocken tupfen und dann im Butterschmalz von allen Seiten anbraten. Die Karotten, den Sellerie und den Lauch putzen, waschen und die Hälfte klein schneiden, die andere Hälfte in Streifen schneiden.

2 In einem großen Topf Wasser aufsetzen und das Lorbeerblatt, die Pfefferkörner, das Salz, den Essig und das kleingeschnittene Gemüse dazugeben. In den kochenden Fond die Kalbshaxe einlegen und ca. 40 Minuten köcheln lassen.

3 Wenn die Haxe fertig ist, den Sud durch ein Sieb in einen anderen Topf gießen und die Haxe wieder einlegen. Die Gemüsestreifen dazugeben und das Ganze weitere 20–30 Minuten kochen lassen, bis die Surhaxe gar ist.

4 Die Haxe aufschneiden und auf einer Platte anrichten. Das Gemüse darüberstreuen und die Haxe mit frischem Brot oder Petersilienkartoffeln als Beilage servieren.

Auch in Verbindung mit Sauerkraut ist die Surhaxe immer wieder ein Genuss.

Damit die Haxe besonders knusprig wird, kann man sie während des Bratens immer wieder mit ein wenig Wasser beträufeln. Verwendet man anstatt Wasser dunkles Bier, erhält die Soße einen deftigen und aromatischen Geschmack.

Gebackenes Zicklein oder Osterlamm

Die Ziege war in alten Zeiten die „Kuh des kleinen Mannes". Man aß ihr Fleisch, trank ihre Milch oder machte Käse daraus. Aus dem Fell fertigte man Decken und die Haut wurde zu Schläuchen für Wasser und Wein verarbeitet. Lange Zeit war vieles davon vergessen, bis auf den bei Kennern geschätzten Ziegenkäse. Aber Zicklein und Lämmer erleben wegen ihrer natürlichen und gesunden Aufzucht eine Renaissance und mit ihr viele vergessene Rezepte.

Zutaten

150 g Mehl
knapp 250 ml Bier
1 EL Öl
1 Prise Salz

Für den Sud:
1 Zwiebel
mehrere Nelken
1 Karotte
1 Stück Lauch
1 Zitronenscheibe
1,5 kg junges Ziegen- oder Lammfleisch (Schulter, Hals, Brust)
2 Eiweiß
genügend Fett zum Ausbacken

Zubereitung

1 Zwei Stunden, bevor Sud und Fleisch zubereitet werden, das Mehl, das Bier, das Öl und das Salz zu einem glatten Teig verrühren.

2 Für den Sud die Zwiebel abziehen und mit den Nelken spicken. Die Karotte und den Lauch putzen, waschen und in Stücke schneiden. Die gespickte Zwiebel, die Karotten, den Lauch und die Zitronenscheibe in einen großen Topf mit Salzwasser geben und 20 Minuten kochen lassen. Das Fleisch in recht große Stücke schneiden und 15–20 Minuten in dem Sud ziehen lassen, dann herausnehmen und auf ein Sieb zum Abtrocknen geben.

3 Kurz vor dem Garwerden des Fleisches das Eiweiß steif schlagen und unter den Teig ziehen. In einer hohen Pfanne das Fett erhitzen. Die noch warmen Fleischstücke in den Teig tauchen und im heißen Fett goldgelb ausbacken. Dazu passen Kartoffelsalat und Blattsalate der Saison.

Neben einem frischen Salat, schmeckt das gebackene Zicklein auch hervorragend mit Kartoffeln und einer Soße aus Kalbsfond, Salz, Zitronensaft und Butter. Ein fränkischer Frühburgunder rundet dieses Gericht ab.

e 50 cl

Wildschweinröllchen mit Trauben

Zur Jagdsaison im Herbst kommt bei den Franken regelmäßig Wild auf den Tisch. Gepaart mit den regional angebauten Trauben ist das ein wahrer Genuss.

Zutaten

Für die Wildschweinsoße:
500 g Rückenknochen vom Wildschwein
1 Bund Wurzelgemüse
2 kleine Zwiebeln
100 g Speck
3 EL Mehl
250 ml Rotwein
Salz, Pfeffer

Für das Fleisch:
600 g Wildschweinkeule,
in dünne Scheiben geschnitten
Thymian
100 g Speck
1 Bund Wurzelgemüse
50 ml Portwein
500 ml Wildschweinsoße
(aus den Rückenknochen, siehe oben)
1 TL Kakaopulver
60 ml englischer Gin
je 15 blaue und weiße Trauben
20 g Butter
60 g gehobelte Mandeln
Salz, Pfeffer

Zubereitung

1 Die Wildschweinsoße wird als Erstes zubereitet: Dafür die Knochen kleinhacken, das Wurzelgemüse putzen, waschen und in Stücke schneiden. Die Zwiebeln abziehen und klein schneiden.

2 Den Speck in Stücke schneiden, in einem heißen Topf auslassen und die Wildschweinknochen darin gut anbraten. Die Zwiebeln und das Wurzelgemüse dazugeben und etwas mitrösten. Dann mit dem Mehl bestäuben und mit dem Rotwein ablöschen. Die Soße reduzieren, nach und nach mit 500 ml Wasser auffüllen, dann mit Salz und Pfeffer abschmecken. Die Wildschweinsoße gut durchkochen lassen und durch ein Sieb gießen.

3 Für das Fleisch den Speck klein schneiden. Das Wurzelgemüse putzen, waschen und zerkleinern. Die Fleischscheiben mit Thymian, Salz und Pfeffer würzen, eng aufrollen, mit einem Faden zusammenbinden und von beiden Seiten gut anbraten. Den Speck und das Wurzelgemüse in der Pfanne mit anrösten. Mit dem Portwein ablöschen und die Wildschweinsoße dazugeben. Die Röllchen herausnehmen und im Ofen warm halten.

4 Die Soße nun ½ Stunde kochen lassen, durch ein Sieb gießen und mit dem Kakao, dem Gin, Salz und Pfeffer abschmecken.

5 Die Trauben halbieren, entkernen und in der Butter langsam anschwitzen. Die Mandeln ohne Fett in einer Pfanne unter Rühren leicht anbräunen.

6 Die Röllchen aus dem Ofen nehmen, mit etwas Soße übergießen, die Trauben daraufgeben und mit den Mandelblättchen bestreuen. Dazu passen sehr gut Kartoffelkroketten.

Has im Topf

Bei diesem Gericht entsteht der besondere Effekt dadurch, dass man erst am Tisch die Teigkruste entfernt. Dann kommt der köstliche Duft besonders gut zur Geltung. Den Brotteig sollten Sie vorher beim Bäcker bestellen.

Zutaten

1 küchenfertiger Hase
3 Zwiebeln
500 g Schweinebauch
250 g geriebenes Schwarzbrot
etwas Thymian
1 Prise gemahlene Nelken
3 Wacholderbeeren
1 Lorbeerblatt
750 ml fränkischer Rotwein
etwas Brotteig zum Verschließen des Topfes
Salz, Pfeffer

Zubereitung

1 Den Hasen in Portionen teilen. Die Zwiebeln abziehen und klein würfeln. Den Schweinebauch in dünne Streifen schneiden.

2 Eine Tonform gut wässern und die Brotbrösel hineinstreuen. Darauf eine Schicht Schweinebauchstreifen legen, diese mit Hasenstücken bedecken und mit etwas Salz und Pfeffer, Nelken, Wacholderbeeren und Lorbeerblatt gut würzen.

3 Die Tonform Schicht für Schicht füllen und dann mit Rotwein angießen. Anschließend die Form mit Brotteig schließen und im Backofen bei 220 °C (Umluft 200 °C) in 40–50 Minuten garen. Zum Servieren mit der Form auf den Tisch stellen.

Das zarte Hasenfleisch passt ideal zu Rotkohl.

Wird der Hase mit Soße serviert, dürfen die fränkischen Klöße natürlich auch nicht fehlen.

In der fränkischen Schweiz isst man traditionell Wirsinggemüse dazu.

FRANKEN
Ewig Leben

Rehkeule mit Preiselbeer-Senfsoße

Die Rehkeule ist die bescheidene Schwester des Rehrückens, aber sie hat auch einiges zu bieten: geschmackvolles, bekömmliches Fleisch, fast ohne Fett.

Zutaten

1 Zwiebel
1 bratfertige Rehkeule
80–100 g Bratfett
50 g Speckwürfel
etwas Brotrinde
250 ml Fleischbrühe
250 ml Rotwein
5 Wacholderbeeren
2 Nelken
10 Pfefferkörner
1 Lorbeerblatt
1 TL Salz
etwas Pfeffer

Für die Soße:
200 g Wildpreiselbeeren aus dem Glas
1 EL Zitronensaft
100 g mittelscharfer Senf

Zubereitung

1 Den Backofen auf 180 °C (Umluft 160 °C) vorheizen. Die Zwiebel abziehen und grob schneiden. Das gut abgehangene Fleisch abwaschen und trockentupfen. Die Keule mit Salz und Pfeffer einreiben und im heißen Fett von allen Seiten gut anbraten. Dabei die Speckwürfel und die Brotrinde mitbraten. Jetzt die Fleischbrühe und den Rotwein angießen, die Gewürze und die Zwiebel dazugeben.

2 Das Fleisch im vorgeheizten Backofen im Bräter ca. 1 ½ Stunden schmoren lassen und dabei öfters drehen.

3 Für die Soße die Wildpreiselbeeren, den Zitronensaft und den Senf gut miteinander verrühren.

4 Wenn die Rehkeule fertig ist, diese herausnehmen, aufschneiden und mit der Soße servieren. Dazu passen Kartoffelkroketten oder Spätzle sowie Kopf-, Feld- oder Selleriesalat mit Nüssen.

Preiselbeeren werden gerne zu Wildfleisch oder zu gebackenem Camembert gegessen. Sie schmecken herb bis leicht bitter.

Anstelle von Preiselbeeren passen auch Cranberrys hervorragend zu Wild. In den Herbstmonaten sind die Moosbeeren auch frisch zu bekommen. Mit etwas Cranberry-Likör und Zucker eingekocht eine sehr leckere Alternative.

Wachteln in Weinblättern

Abgesehen von zartem, aromatischem Fleisch, punktet das edle Geflügel mit einem hohen Eiweiß- und einem niedrigen Fettgehalt und wird auch in der fränkischen Haute Cuisine geschätzt.

Zutaten

8 küchenfertige Wachteln
8 Scheiben fetter Speck
8 Weinblätter
2 EL Öl
80 ml Brombeerlikör
200 g frische Waldbrombeeren
125 ml Rotwein
250 ml süße Sahne
Salz, Pfeffer

Zubereitung

1 Die Wachteln waschen, trocken tupfen, salzen, pfeffern und mit den Speckscheiben samt Weinblättern umwickeln.

2 Den Backofen auf 180 °C (Umluft 160 °C) vorheizen. Das Öl erhitzen und die vorbereiteten Wachteln nacheinander von allen Seiten zunächst gut anbraten und dann im Ofen 10–15 Minuten braten lassen.

3 Den Brombeerlikör und die Beeren zum Bratensatz geben und mit dem Rotwein und 125 ml Wasser ablöschen. Das Ganze mit Salz und Pfeffer abschmecken und die Hitze etwas reduzieren. Zum Schluss die Sahne einrühren.

4 Zu Wachteln passt sehr gut Kartoffelbrei, im Fränkischen „Grumbernstampfes“ genannt.

Frische Weinblätter bekommt man auf dem Markt oder in griechischen sowie türkischen Lebensmittelgeschäften. Auch vom Bio-Weinbauern kann man sie beziehen.

Übriggebliebene Weinblätter eignen sich auch hervorragend zur Resteverwertung, denn es gibt unzählige Möglichkeiten, sie zu füllen.

Im orientalischen Raum füllt man die Weinblätter oft mit Reis und Gemüse.

Mostgockel

Früher war es üblich, die schwachen Hähne, die sich nicht als „Herr im Stall" durchsetzen konnten, in der Küche zu verarbeiten. Heute kann man für den Mostgockel natürlich auch ein Masthähnchen verwenden.

Zutaten

1 frisch geschlachteter Hahn

Für die Marinade:
500 ml trockener Frankenwein oder frischer Most
2 EL Weinessig
3 EL Öl
1 TL Thymian
1 Lorbeerblatt
2 TL gehackte Petersilie
1 Zwiebel
Salz, Pfeffer

Zum Braten:
125 g magerer Speck in Würfeln
1 EL Butter
200 g Zwiebelwürfel
eventuell etwas Butterschmalz
1 Knoblauchzehe
2 EL Mehl
1 Glas trockener Frankenwein
250 ml Fleischbrühe
1 Kräutersträußchen (Petersilie, Lorbeer, Thymian)
1 EL Weinessig

Zubereitung

1 Den Gockel waschen und trocken tupfen.

2 Für die Marinade den Wein mit 250 ml Wasser, dem Essig, dem Öl, dem Thymian, dem Lorbeerblatt, der Petersilie sowie Salz und Pfeffer vermischen. Die Zwiebel abziehen, grob schneiden und der Marinade hinzufügen. Den Gockel dann zerteilen, in die Marinade einlegen und 12 Stunden an einem kühlen Ort stehen lassen.

3 Zum Braten die Speckwürfel in der Butter schön braun ausbraten und am Schluss die Zwiebelwürfel mitrösten, bis sie goldgelb sind, dann beiseitestellen.

4 Den Gockel aus der Marinade nehmen, gut trocken tupfen und in der Pfanne im restlichen Speckfett (falls nötig, etwas Butterschmalz dazugeben) von allen Seiten gut anbraten und herausnehmen.

5 Den Knoblauch abziehen, durch eine Presse drücken und in die Pfanne geben. Mit Mehl bestäuben und den Wein und die Brühe angießen. Alles zu einer sämigen Soße einkochen lassen. Die Soße nochmals abschmecken, den Gockel in einen Topf legen und die Soße darübergießen.

6 Das Kräutersträußchen, den angebratenen Speck und die Zwiebelwürfel dazugeben und die durchgesiebte Marinade darübergießen.

7 Den Gockel im Ofen bei 180 °C (Umluft 160 °C) in 40–50 Minuten gar schmoren und dabei gelegentlich mit Wasser übergießen.

8 Am Schluss die Soße mit etwas Essig abschmecken und das Kräutersträußchen wieder herausnehmen. Dazu schmecken Petersilienkartoffeln und Salat.

Fränkische Martins- oder Weihnachtsgans

In den ländlichen Regionen Frankens werden häufig Gänse gehalten. Besonders beliebt ist die Fränkische Landgans, die sich durch eine gute Fleischqualität auszeichnet – die ideale Martins- oder Weihnachtsgans.

Zutaten

1 küchenfertige Gans von ca. 4,5 kg
1 Bund Beifuß
Paprika
Majoran
Salbei
1 geviertelte Zwiebel
etwas Speisestärke
Salz, Pfeffer

In Franken ist die Winterzeit ohne Gänsebraten undenkbar – insbesondere zu Weihnachten ist er ein sehr beliebtes Festmahl.

Zubereitung

1 Die Gans gründlich säubern, waschen und anschließend die Innereien herausnehmen. Die Gans innen und außen gut mit Salz und Pfeffer einreiben. In das Innere kommt die Hälfte des Beifußes und die Außenhaut wird leicht mit Paprika eingerieben.

2 Die Gans in einen Bräter legen und eine Tasse heißes Wasser dazugießen. In den auf 220 °C (Umluft 200 °C) vorgeheizten Backofen schieben, wobei in der ersten Hälfte der Bratzeit die Brust nach unten liegt. In den Bräter den restlichen Beifuß, eine Prise Majoran, den Salbei und die geviertelte Zwiebel geben. Unter häufigem Begießen die Gans nun bei gleichmäßiger Hitze von 180 °C (Umluft 160 °C) braten und nach 1 ½ Stunden wenden. Heißes Wasser muss nach Bedarf nachgegossen werden.

3 Nach dem Wenden vorsichtig das Fett von der Soße abschöpfen und unterhalb der Keulen mit einer Gabel ins Fleisch stechen, damit überflüssiges Fett abläuft. Dann ca. 1 Stunde weiterbraten.

4 Während der letzten Stunde der Bratzeit dürfen Sie die Gans nicht mehr begießen, damit die Haut schön knusprig wird. Nach dem Ende der Bratzeit die Soße durch ein Sieb gießen und nochmals vorsichtig das Fett abschöpfen. Einen Esslöffel Speisestärke kalt anrühren, die Soße damit binden und noch einmal abschmecken. Zur Gans schmecken am besten fränkische Klöße und Rotkohl.

1989er
FRANKEN

Süßspeisen

Hollerstäudele

Die Hollerstäudele sind eine typische Spezialität aus der Region südlich des Mains („Holler" ist das fränkische Wort für „Holunder"). Aus den Holunderblüten, die nicht als Stäudele verarbeitet werden, kann man gesunden „Fliedersaft", Hollergelee oder Sirup herstellen. Der Saft ist übrigens nicht nur ein guter Durstlöscher, sondern wird auch in der Naturmedizin gegen Fieber oder Erkältungen eingesetzt.

Zutaten

10–12 Holunderblütendolden
200 g Mehl
2 Eier
knapp 250 ml Milch
1 Prise Salz
Pflanzenfett zum Ausbacken
Zucker und Zimt zum Bestreuen

Zubereitung

1 Die Holunderblüten waschen und gut abtropfen lassen. Das Mehl mit den Eiern, der Milch und dem Salz zu einem Teig verquirlen.

2 In einer tiefen Pfanne das Fett erhitzen. Die Holunderblüten in den Backteig tauchen und im heißen Fett goldbraun ausbacken. Zucker und Zimt miteinander vermischen und anschließend die Hollerstäudele damit bestreuen.

Apfelkräpfle

Zutaten

4 mittelgroße Äpfel
Saft von 1 Zitrone
2 Eier
125 ml Bier
125 ml Milch
1 Prise Salz
1 TL Zucker
200 g Mehl
Butterschmalz zum Ausbacken
Zucker und Zimt zum Bestreuen

Zubereitung

1 Die Äpfel schälen und das Kerngehäuse mit einem Apfelausstecher herausnehmen. Die Äpfel dann in nicht zu dünne Scheiben schneiden und sofort mit dem Zitronensaft beträufeln.

2 Die Eier trennen und das Eiweiß mit dem Handrührgerät steif schlagen. Aus den Eigelben, dem Bier, der Milch, dem Salz, dem Zucker und dem Mehl einen Teig rühren und den Eischnee unterheben.

3 In einer hohen Pfanne genügend Butterschmalz erhitzen. Die Apfelringe in den Teig eintauchen und sofort im heißen Butterschmalz schön knusprig braun ausbacken. Zucker und Zimt vermischen und die Apfelkräpfle darin wälzen. Dazu schmeckt Vanilleeis.

Hollerstäudele
Flieder-Saft
Apfelkräpfle

Fränkischer Pfannkuchen

Pfannkuchen gehören zu den Mehlspeisen, die vor allem in Süddeutschland häufig gegessen werden. In Franken lässt man auch gerne mal die Füllung weg und raspelt stattdessen einen Apfel in den Teig.

Zutaten

Für den Teig:
250 g Weizenmehl
500 ml Milch
3 Eier
1 Schuss Öl
1 Prise Salz
Fett zum Ausbacken

Für die Füllung:
250 ml süße Sahne
200 g Zwetschgenmus
etwas Zwetschgenwasser
Puderzucker zum Bestreuen

Zubereitung

1 Für den Pfannkuchenteig das Mehl, die Milch, die Eier, das Öl und das Salz zu einem flüssigen Teig verrühren.

2 Etwas Fett in einer Pfanne erhitzen und aus dem Teig dünne Pfannkuchen (Fladen) ausbacken.

3 Für die Füllung die Sahne steif schlagen und mit dem Zwetschgenmus und dem Zwetschgenwasser vermischen. Die fertigen Pfannkuchen damit bestreichen und zusammenrollen. Mit Puderzucker bestreut servieren.

Die Fränkischen Pfannkuchen sind auch ideal für eine herzhafte Variante. Verteilen Sie ca. 3 Esslöffel gekochten Spinat auf dem Pfannkuchen und bedecken Sie ihn anschließend mit Schinken. Den Pfannkuchen zusammenrollen und mit einem Zahnstocher fixieren. in Streifen geschnitten und garniert mit einer Kirschtomate, eignet sich der Pfannkuchen auch als Party-Häppchen.

Scheiterhaufen

Zutaten

10 nicht mehr ganz frische Brötchen
375 ml Milch
3 Eier
50 g Zucker
1 Prise Salz
8 Äpfel
Saft von 1 Zitrone
50 g Sultaninen
30 g Butter
250 g Quark (20 % Fett)
80–100 g saure Sahne
1 EL Zucker

Zubereitung

1 Die Brötchen in feine Scheiben schneiden und in eine Schüssel geben. Die Milch mit den Eiern, dem Zucker und dem Salz gut verquirlen und darübergießen.

2 Die Äpfel schälen, entkernen und grob raspeln. Sofort den Zitronensaft darübergeben und die Sultaninen untermischen.

3 Den Backofen auf 200 °C (Umluft 180 °C) vorheizen. Eine Auflaufform gut ausbuttern und die Brötchen abwechselnd mit der Apfelmasse einschichten. Als letzte Schicht sollten Brötchen obenauf sein, die etwas glattgestrichen werden.
Den Auflauf im vorgeheizten Ofen ca. 30 Minuten backen.

4 Den Quark mit der sauren Sahne und dem Zucker verrühren, über den Auflauf gießen und ihn weitere 10–15 Minuten schön braun überbacken. Dazu schmeckt eine Vanillesoße.

Kartäuserklöße

Zutaten

6–8 altbackene Brötchen
2 Eier
500 ml Milch
40 g Zucker
1 Päckchen Vanillezucker
abgeriebene Schale einer unbehandelten Zitrone
Paniermehl
Fett zum Ausbacken
Zucker und Zimt zum Wälzen

Den Kartäusern, von denen diese Klöße ihren Namen haben, war es strikt untersagt, das Fleisch von Vierbeinern zu essen. So erfanden sie diese delikate Fastenspeise.

Zubereitung

1 Die harten Rinden von den Brötchen abreiben und die Brötchen anschließend halbieren.

2 Die Eier trennen. Die Milch mit den Eigelben, dem Zucker, dem Vanillezucker und der Zitronenschale verquirlen und die Brötchen darin aufweichen lassen.

3 Die Eiweiße steif schlagen. Die Brötchenhälften etwas ausdrücken und zuerst im Eischnee und danach in den Semmelbröseln wenden.

4 In einer tiefen Pfanne genügend Fett erhitzen und die Brötchenhälften nun in reichlich heißem Fett schwimmend ausbacken. Sofort in Zucker und Zimt wälzen, auf einer richtig warmen Platte anrichten und dazu Weinschaum servieren.

Scheiterhaufen
Kartäuserklöße

Hiffencreme

In Franken heißen die Hagebutten Hiffen. Hiffenmark herzustellen ist eine mühselige Arbeit. Das saubere Herauskratzen der Kerne, die an den Händen Juckreiz auslösen, ist am schwierigsten. Die Beerenhälften werden mit Weißwein oder Wasser angesetzt, einige Tage zugedeckt in den Keller gestellt, dann durch ein Sieb gedrückt, gezuckert und eingekocht. Der Geschmack ist natürlich ganz anders als bei gekauften Produkten – die Mühe lohnt sich also.

Zutaten

6 Blatt weiße Gelatine
½ Vanilleschote
250 ml Milch
5 Eigelb
250 ml süße Sahne
100 g Hiffenmark (Hagebuttenmark)

Zubereitung

1 Die Gelatine in kaltem Wasser einweichen.

2 Die Vanilleschote längs aufritzen und das Vanillemark herauskratzen. Das Mark und die leeren Vanilleschoten mit der Milch erhitzen, wieder etwas abkühlen lassen und die Schoten herausnehmen.

3 Die Eigelbe mit der Hälfte der lauwarmen Milch verrühren und im warmen Wasserbad (nicht über 70 °C) dickcremig aufschlagen. Dabei die restliche Milch nach und nach zugeben.

4 Die Gelatine ausdrücken und nacheinander in der heißen Creme auflösen. Die Creme im eiskalten Wasserbad wieder kalt schlagen. Die Sahne steif schlagen.

5 Zum Schluss das Hiffenmark und die geschlagene Sahne unter die Creme rühren und diese im Kühlschrank in 2–3 Stunden fest werden lassen.

Ritzen Sie die Schote mit einem spitzen Messer der Länge nach auf und kratzen Sie mit dem Messerrücken das Mark aus.

Die ausgekratzte Schote können Sie in ein Gefäß mit feinem Haushaltszucker legen. Nach einiger Zeit entsteht ein duftender Vanillezucker!

Versoffene Jungfern

Dieses beschwipste Dessert gehört ohne Zweifel zu den Klassikern der fränkischen Süßspeisen. Vor allem im Winter und zu festlichen Anlässen wird sie aufgetischt.

Zutaten

3 Eier
200 g Zucker
70 g Mehl
abgeriebene Schale einer unbehandelten Zitrone
Fett zum Ausbacken
500–750 ml heißer Rotwein
2 Stangen Zimt

Zubereitung

1 Die Eier trennen und die Eiweiße zu steifem Schnee schlagen.

2 Eine Schaummasse aus den Eigelben und 100 g Zucker rühren. Danach das Mehl, die Zitronenschale und den Eischnee unterheben.

3 Den Rotwein mit dem restlichen Zucker erhitzen und die Zimtstangen hinzugeben.

4 In einer tiefen Pfanne ausreichend Fett erhitzen. Den Teig mit einem Esslöffel abstechen und von allen Seiten im heißen Fett goldbraun backen. Anschließend gut auf einem Küchenpapier abtropfen lassen und in eine flache Schüssel legen. Sofort mit dem heißen, gewürzten Rotweingemisch übergießen und servieren.

Seinen etwas despektierlichen Namen hat diese Süßspeise vermutlich von den Folgen seines Verzehrs: Nimmt man genügend davon - und vor allem vom Rotwein - zu sich, stellt sich vor allem auf den Wangen junger, noch nicht an Alkohol gewöhnter Mädchen, schon bald eine verräterische Röte ein. Dieser Effekt tritt allerdings auch bei Damen älteren Semesters („Jungfern") ein, die diesem Gericht früher ebenso gerne zugesprochen haben ...

Lebkuchenpudding

Der Lebkuchenpudding ist ideal, um Lebkuchen, die nach Weihnachten übrig geblieben sind, kulinarisch zu verwerten.

Zutaten

400 g weißer oder brauner Lebkuchen ohne Oblaten
250 ml Milch
6 Eier
50 g Zucker
150 g weiche Butter
Saft von 1 Zitrone
150 g Rosinen
100 g gemahlene Mandeln
1 TL Zimt
2 EL Grieß
Butter für die Form

Für die Weinschaumsoße:
500 ml trockener Weißwein
3 Eigelbe
100 g Zucker

Die traditionellen Nürnberger Lebkuchen sind die ideale Basis für diese süße Leckerei.

Zubereitung

1 Den Lebkuchen in kleine Stücke schneiden und in der Milch einweichen.

2 Die Eier trennen und die Eigelbe mit dem Zucker und der Butter schaumig schlagen. Den Lebkuchen unter die Eiercreme mischen und den Zitronensaft, die Rosinen, die Mandeln, den Zimt und den Grieß unterrühren.

3 Die Eiweiße zu steifem Schnee schlagen und unter die Masse heben.

4 Die Puddingform mit Butter ausstreichen, die Puddingmasse einfüllen und in der Form verteilen. Die Form in einen Topf mit kochendem Wasser stellen, das Wasser sollte aber nur bis 5 cm unter den Rand reichen. Den Pudding jetzt in nur leicht sprudelndem Wasser ca. 1 Stunde garen.

5 In der Zwischenzeit die Weinschaumsoße vorbereiten. Hierfür den Wein erwärmen. Die Eigelbe mit dem Zucker in eine Metallschüssel geben, den warmen Wein unter Rühren dazugießen und die Soße im heißen Wasserbad so lange rühren, bis sie cremig ist. Dann den Weinschaum wieder etwas kaltschlagen und servieren, sobald der Pudding fertig ist.

6 Die Puddingform nach der Garzeit etwas stehen lassen, öffnen und den Pudding herausstürzen. Am besten noch heiß mit der Weinschaumsoße servieren.

Kuchen & Gebäck

Herbstblootz mit Äpfeln und Birnen

Im Herbst, wenn in den Gärten die Äpfel und Birnen reif werden, gibt es jeden Tag Fallobst, das man vielfältig verwenden kann. In der Region Hohenlohe wird dann ein flacher Kuchen, der Blootz, gebacken. Blootz wird hier nicht nur mit süßen, sondern auch gerne mit herzhaften Belägen gegessen.

Zutaten

500 g Mehl
1 Würfel frische Hefe
25 g Zucker
250 ml warme Milch
70 g Butter
1 Ei
1 Prise Salz
abgeriebene Schale
  von ½ unbehandelten Zitrone
750 g Äpfel
750 g Birnen
etwas Butter fürs Blech

Für die Streusel:
350 g Mehl
200 g Zucker
1 Päckchen Vanillezucker
200 g zerlassene Butter
100 g Korinthen

Zubereitung

1 Ein Backblech mit Butter einfetten.

2 Wie in der unten stehenden Schritt-für-Schritt-Anleitung beschrieben, einen Hefeteig zubereiten und diesen ca. 30 Minuten gehen lassen.

3 In der Zwischenzeit die Äpfel und die Birnen schälen, vierteln, entkernen und in Spalten schneiden.

4 Den Teig ausrollen und das Backblech damit belegen. Die Apfel- und Birnenspalten dicht darauf auslegen. Den Backofen auf 210 °C (Umluft 190 °C) vorheizen.

5 Für die Streusel das Mehl in eine Schüssel sieben, mit dem Zucker und dem Vanillezucker mischen, die zerlassene Butter dazugeben und alles zu Streuseln verarbeiten. Diese dann über dem Obst verteilen und die Korinthen darüberstreuen.

6 Den Blootz im vorgeheizten Backofen auf der mittleren Einschubleiste 20–25 Minuten backen.

a.

c.

Bild a: In die Mitte des Mehls eine Mulde drücken und zerbröckelte Hefe sowie Milch hineingeben.
Bild b: Mit ein wenig des Mehls zu einem Vorteig verrühren und gehen lassen.
Bild c: So sieht der Vorteig aus, wenn er gegangen ist.
Bild d: Die restlichen Zutaten hineingeben, alles gut verrühren und erneut gehen lassen.
Bild e: Zum Schluss den Teig mit den Händen bearbeiten.

b.

d.

e.
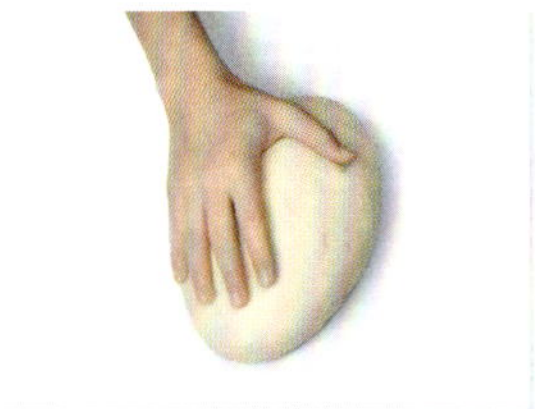

Rhabarberblootz mit Streuseln

Rhabarber ist ein traditionelles Gemüse in Bauerngärten. Er sollte möglichst jung und spätestens bis zum 24. Juni (Johannistag) geerntet, werden. Danach ist der Gehalt an schädlicher Oxalsäure zu hoch.

Zutaten

500 g Mehl
1 Würfel frische Hefe
100 g Zucker
250 ml Milch
100 g Butter
1 Prise Salz
1 TL abgeriebene Schale einer unbehandelten Zitrone
1 Ei
1,5 kg Rhabarber
250 g Zucker
Butter fürs Blech
Paniermehl

Für die Streusel:
300 g Mehl
150 g Zucker
1 EL Vanillezucker
1 Prise Salz
1 Msp. Zimt
150 g Butter

Die Schritt-für-Schritt-Anleitung für Hefeteig finden Sie auf Seite 140.

Zubereitung

1 Das Mehl in eine Schüssel sieben, die Hefe hineinbröckeln und mit 1 Teelöffel Zucker, einer halben Tasse angewärmter Milch und etwas Mehl verrühren. Den Hefeteig ca. 20 Minuten an einem warmen Ort zugedeckt gehen lassen.

2 Die Butter schmelzen und mit der übrigen Milch, dem restlichen Zucker, dem Salz, der Zitronenschale und dem Ei verrühren. Den Hefeteig damit gut mischen und das Mehl dabei unterarbeiten. Den Teig jetzt zugedeckt 30 Minuten gehen lassen.

3 Von den Rhabarberstangen die Enden abschneiden und die Schale in Fäden abziehen. Den Rhabarber anschließend in ca. 3 cm lange Stücke schneiden und mit dem Zucker und 4 Esslöffel Wasser 10 Minuten garen, dann in ein Sieb schütten und abkühlen lassen.

4 Für die Streusel das Mehl bis auf 1 Esslöffel mit dem Zucker, dem Vanillezucker, dem Salz und dem Zimt mischen. Die Butter zerlassen, darübergießen und alles zu Streuseln verreiben. Dabei das restliche Mehl für die Hände verwenden.

5 Eine große runde Springform oder ein Backblech gut ausbuttern. Den Hefeteig ausrollen, darauflegen und dünn mit Paniermehl bestreuen. Jetzt den Rhabarber darauf verteilen und die Streusel darübergeben.

6 Den Backofen auf 200 °C (Umluft 180 °C) vorheizen. Den Kuchen weitere 10 Minuten gehen lassen, dann im vorgeheizten Backofen 40 Minuten goldbraun backen.

Kartoffeltorte

Zutaten

Für eine Springform (Durchmesser 26 cm):
300 g gekochte Kartoffeln vom Vortag
75 g Rosinen
2 EL Rum
4 Eier
200 g Zucker
100 g Mehl
50 g Stärke
2 TL Backpulver
abgeriebene Schale einer unbehandelten Zitrone
½ TL gemahlener Zimt
125 g gemahlene Haselnüsse
Butter für die Form
Paniermehl

Für den Guss:
200 g Puderzucker
2 EL Rum
3 EL Johannisbeergelee
12–16 Marzipankartoffeln zum Dekorieren

Leckere Marzipankartoffeln können Sie ganz einfach selbst herstellen: 200 g Marzipanrohmasse mit 75 g Puderzucker verkneten. Aus der Masse kleine Kugeln formen. 50 g Puderzucker mit 1 TL Zimt vermischen und die Kugeln darin wälzen.

Zubereitung

1 Die Kartoffeln schälen und durch die Kartoffelpresse drücken oder fein reiben.

2 Die Rosinen heiß waschen, trocken tupfen und mit dem Rum übergießen.

3 Die Eier trennen und die Eigelbe mit dem Zucker schaumig rühren.

4 Das Mehl mit der Stärke und dem Backpulver mischen und alles zusammen mit der Zitronenschale, dem Zimt, den Kartoffeln, den Nüssen und den Rosinen unter die Eier-Schaummasse mengen.

5 Die Eiweiße steif schlagen und ebenfalls unterheben.

6 Den Backofen auf 200 °C (Umluft 180 °C) vorheizen. Die Form ausbuttern und mit Paniermehl ausstreuen. Den Teig in die Form füllen und glattstreichen. Die Torte im vorgeheizten Backofen ca. 50 Minuten backen.

7 Für den Guss den Puderzucker mit dem Rum und 1 Esslöffel Wasser glattrühren.

8 Die kalte Torte erst mit dem Gelee überziehen und dann den Guss darüberstreichen. Als Letztes die Torte mit den Marzipankartoffeln garnieren.

Schwarzbrottorte

Diese herzhaft-süße Torte schmeckt auch anstatt mit Kirschen mit Birnen sehr gut – bitte dann das Kirschwasser durch Birnengeist ersetzen.

Zutaten

Für eine Springform (Durchmesser 26 cm):
200 g feines Roggenbrot
150 g Mandeln
6 Eier
225 g Zucker
1 EL Mehl
1 TL Backpulver
2 EL Kirschwasser
375 ml süße Sahne
400 g entsteinte Sauerkirschen
Butter und Paniermehl für die Form

Spritzbeutel zum Garnieren lassen sich ganz einfach selbst herstellen: Rollen Sie aus Pergamentpapier eine Tüte und schneiden Sie unten die Spitze ab.

Zubereitung

1 Das Brot kleinwürfeln und in einer Pfanne unter ständigem Rühren rösten, ohne es bräunen zu lassen.

2 Die Mandeln mahlen und die Eier trennen. Die Eigelbe schaumig schlagen und dabei 200 g Zucker langsam einrieseln lassen.

3 Das Mehl mit dem Backpulver mischen. Zuerst die erkalteten Brotwürfel unter die Eiermasse ziehen, dann das Mehl und das Kirschwasser ebenfalls unterziehen.

4 Die Eiweiße zu steifem Schnee schlagen und unter den Teig heben. Den Backofen auf 200 °C (Umluft 180 °C) vorheizen.

5 Die Springform gut einfetten und mit Bröseln ausstreuen, den Teig einfüllen und im vorgeheizten Backofen ca. 40 Minuten backen. Den Kuchen abkühlen lassen.

6 Die Sahne mit dem restlichen Zucker steif schlagen.

7 Den Tortenboden in der Mitte durchschneiden und auf dem unteren Boden 2 Esslöffel Schlagsahne verstreichen. Jetzt die Kirschen darauf verteilen, dabei 12–16 Stück für die Garnierung zurückbehalten. Nochmals 2 Esslöffel Schlagsahne auf den Kirschen verteilen und dann den zweiten Boden aufsetzen.

8 Die ganze Torte mit Schlagsahne überziehen, mit einem Spritzbeutel Rosetten spritzen und mit den restlichen Kirschen garnieren. Die Torte kühl stellen und erst dann genießen.

Weinsberger Torte

Ist zu viel Brot übriggeblieben, sind die leicht trockenen Reste ein hervorragender Anlass, die Kaffeetafel mit dieser fränkischen Spezialität zu schmücken.

Zutaten

180 g geriebenes Schwarzbrot
125 ml Weißwein
10 Eier
180 g Zucker
125 g geriebene Mandeln
90 g Zitronat
90 g Orangeat
1 EL Zimt
Butter und Paniermehl für die Form
250 ml Glühwein zum Tränken

Zubereitung

1 Das geriebene Schwarzbrot ca. ¼ Stunde in dem Wein aufweichen.

2 In der Zwischenzeit die Eier trennen. Die Eigelbe mit dem Zucker schaumig rühren und die Eiweiße zu Schnee schlagen.

3 Die getränkten Brotstückchen mit der Ei-Zucker-Masse mischen. Die Mandeln, das Zitronat und das Orangeat dazugeben. Mit dem Zimt würzen und den Eischnee unterheben.

4 Den Backofen auf 180 °C (Umluft 160 °C) vorheizen. Die Masse in eine gefettete und mit Paniermehl ausgestreute Form füllen und im vorgeheizten Backofen ca. 45 Minuten backen.

5 Die Torte auskühlen lassen und zum Schluss mit dem Glühwein tränken.

Die Weinsberger Torte entstand in einer Zeit, bevor Torten mit Biskuit-Teig gemacht wurden. Damit diese süße Versuchung schön saftig wird, wurden statt Mehl Schwarzbrotreste verwendet. Die geriebenen Mandeln sorgen ebenfalls für einen fluffigen Teig.

Brottopf

Knienudeln

Die Knienudeln heißen deshalb so, weil die Hausfrauen früher aus gut aufgegangenem Hefeteig erst Krapfen geformt, sich einen sauberen Baumwolllappen übers Knie gelegt und dann die Küchle darüber ausgezogen haben. Alternativ kann man sie auch mit der Faust formen.

Zutaten

1 kg Mehl
375 ml lauwarme Milch
1 Prise Salz
20 g Hefe
3 Eier
100 g Butterschmalz
20 g Zucker
Butterschmalz zum Ausbacken
Zucker und Zimt oder Puderzucker

Zubereitung

1 Aus dem Mehl, der Milch, dem Salz, der Hefe, den Eiern, dem Butterschmalz und dem Zucker einen Teig kneten und zugedeckt an einem warmen Ort ca. 1 Stunde gehen lassen, bis er die doppelte Größe hat.

2 Den Teig nochmals durchkneten und mehrere lange Rollen formen. Davon Rohrnudeln abstechen und Klöße formen. Zugedeckt ca. 30 Minuten gehen lassen, dann mit gefetteten Fingern auf einem Tuch über die Knie ausziehen und in heißem Butterschmalz hellbraun ausbacken. Danach gleich in der Zucker-Zimt-Mischung wenden oder mit Puderzucker bestreuen.

Omas Käseplätzchen

Zutaten

500 g Mehl
500 g frisch geriebener Gouda
etwas Salz
Paprikapulver
4 Eigelbe
2 EL süße Sahne
Nüsse, Sesamsamen und Kümmel zum Verzieren

Zubereitung

1 Für den Teig das Mehl, den Gouda, das Salz und das Paprikapulver miteinander verkneten. Über Nacht im Kühlschrank in Folie eingewickelt stehen lassen.

2 Am nächsten Tag den Teig ausrollen, mit kleinen Formen ausstechen, auf ein gefettetes Backblech legen und anschließend mit Eigelb und etwas Sahne bestreichen.

3 Den Backofen auf 190 °C (Umluft 170 °C) vorheizen. Die Plätzchen je nach Geschmack mit Nüssen, Sesamsamen oder Kümmel verzieren.

4 Die Plätzchen im vorgeheizten Backofen 10–15 Minuten backen. Das Gebäck nicht zu braun werden lassen, sonst wird der Käse bitter.

Knienudeln

Omas Käseplätzchen

Muskazinen

Die Muskazinen haben ihren Namen von dem kräftigen Muskatgeschmack. Ihre Form erinnert an eine Krawattenschleife, die angeblich als Vorlage gedient hat. Erfunden wurde das Rezept von einem Konditormeister aus Dettelbach am Main. Bis heute dürfen die Muskazinen auch nur dort zum Verkauf hergestellt werden.

Zutaten

300 g geschälte Mandeln
250 g Zucker
3 Eier
1 TL Zimt
2 Msp. frisch geriebene Muskatnuss
200 g Mehl

Zubereitung

1 Die Mandeln durch die Mühle drehen.

2 Den Zucker mit den Eiern weißschaumig rühren. Den Zimt, das Muskat und die Mandeln untermischen. Das Mehl über die Schaummasse sieben und nach und nach unterrühren. Den Teig zugedeckt bei Raumtemperatur 2 Stunden ruhen lassen.

3 Den Backofen auf 180 °C (Umluft 160 °C) vorheizen und das Backblech mit Backpapier auslegen.

4 Aus dem Teig mit bemehlten Händen kirschgroße Kugeln formen und mit genügend Abstand voneinander auf das Backblech legen. Die Kugeln leicht flach und oval andrücken, in der Mitte dürfen sie ein wenig schmäler sein. Die Muskazinen gehen beim Backen auf und laufen etwas auseinander.

5 Die Plätzchen auf der mittleren Schiene im Backofen ca. 10 Minuten goldgelb backen und auf einem Kuchengitter auskühlen lassen.

Dettelbach am Main ist von Weinbergen umgeben und somit ein beliebtes Touristenziel.

Frisch geriebene Muskatnuss gibt den Muskazinen ihren charakteristischen Geschmack. Aber Vorsicht: Muskat nur in kleinen Mengen verwenden. In größeren Dosen ist es gesundheitsschädlich!

Braune Weihnachtsplätzle

Diese Plätzchen sind sozusagen das fränkische Pendant zu den beliebten Pfeffernüssen. Die „Braunerle" werden bis zum Fest in Blechdosen aufbewahrt – wenn sie nicht vorher genascht werden …

Zutaten

500 g Honig
500 g Zucker
4 Eier
1 EL Zimt
1 TL Nelken
abgeriebene Schale einer unbehandelten Zitrone
1 kg Mehl
je 2 gestrichene TL Hirschhornsalz und Pottasche

Zubereitung

1 Den Honig erhitzen, den Zucker darin auflösen und die Masse danach abkühlen lassen.

2 Die Eier mit den Gewürzen schaumig schlagen und mit der Honigmasse verrühren. Dann das Mehl mit dem Hirschhornsalz mischen und unter die Masse heben. Zuletzt die in wenig warmem Wasser aufgelöste Pottasche untermischen.

3 Den Teig nun zugedeckt 24 Stunden ruhen lassen. Dann den Backofen auf 180 °C (Umluft 160 °C) vorheizen.

4 Mit einem Teelöffel kleine Häufchen auf ein gefettetes Backblech setzen. Die braunen Plätzchen im vorgeheizten Backofen ca. 30 Minuten backen.

Pottasche ist eine Verbindung aus Kaliumsalzen und Kohlensäure. Sie wird schon seit Jahrhunderten als Backtriebmittel verwendet.

Hirschhornsalz ist ein Backtriebmittel, dass nur bei flachen, trockenen Gebäckarten verwendet werden sollte.

Pflaumentäschchen

Für die Pflaumentäschchen werden getrocknete Pflaumen verwendet, die man in Franken auch „Hutzeln“ nennt. Hutzeln sind in Franken sehr beliebt, wovon unter anderem die Hutzelmännle zeugen, die zur Weihnachtszeit auf keinem fränkischen Christkindelmarkt fehlen dürfen.

Zutaten

300 g tiefgefrorener Blätterteig (5 Platten)
100 g Backpflaumen ohne Steine
25 g Orangeat
4 EL Trester (Traubenschnaps)
1 Ei
100 g geriebene Mandeln
etwas Puderzucker zum Bestäuben

Zubereitung

1 Den Blätterteig auftauen lassen.

2 Die Backpflaumen und das Orangeat würfeln, mit dem Trester mischen und 30 Minuten quellen lassen.

3 Die Blätterteigscheiben halbieren und auf einer bemehlten Arbeitsfläche 10 Quadrate von 7 x 7 cm ausrollen. Zwei der Quadrate in jeweils 4 kleine Quadrate schneiden. Den Backofen auf 200 °C (Umluft 180 °C) vorheizen und das Backblech kalt abspülen.

4 Das Ei trennen und das Eiweiß mit den Mandeln, den Pflaumen und der Quellflüssigkeit im Mixer fein pürieren. Das Püree auf den größeren Teigquadraten verteilen und die Ecken über die Füllung legen.

5 Das Eigelb mit 1 TL Wasser verquirlen und die Oberflächen der Täschchen damit bestreichen.

6 Die kleinen Quadrate jeweils in die Mitte legen und ebenfalls mit Eigelb bestreichen.

7 Die Täschchen auf das Backblech legen und im vorgeheizten Backofen auf der mittleren Schiene in ca. 20 Minuten goldgelb backen. Mit Puderzucker bestäuben.

Die „Zwetschgenmännla“ oder „Hutzelmännle“ gibt es in großer Figurenvielfalt. Sie sind ein beliebtes Mitbringsel vom Nürnberger Christkindlesmarkt und gelten zudem als Glücksbringer.

Feiner

SIGLOCH EDITION

Dieses Buch der Autorinnen Helga-Maria Leicht und Waltraud Schumann ist ursprünglich in der erfolgreichen Buchreihe „Kulinarische Streifzüge" der Sigloch Edition erschienen, wurde von uns aktualisiert und damit zu neuem Leben erweckt.

Genehmigte Lizenzausgabe
tosa GmbH
Industriestraße 19
64407 Fränkisch-Crumbach 2019
www.tosa-verlag.de

Projektleitung:
Sonja Sammüller
Layout, Satz und Umschlaggestaltung:
design cat GmbH

ISBN 978-3-86313-841-7

Bildnachweis
Shutterstock: 13Smile 48; Africa Studio 22; Albina Tiplyashina 13; Alexander Raths 4, 116; Alexlukin 102: Anatolii Riepin 104; Andreas Saldavs 28; Andreas Zerndl 9; Aneta_Gu 76; Anna Shepulova 80; Arkadiusz Fajer 46; AYA images 64; BAO-Images Bildagentur 18; bigacis 72; Bjoern Wylezich 136; BlueOrange Studio 32; Bernd Juergens 33; Borisb17 4, 12; Brent Hofacker 72; canadastock 30; Creative_run 152; Dar1930 36; Eduardo Lopez 80; Eskymaks 98; Fedorovacz 25; footageclips 24, 156; FOTOGRIN 9; HandmadePictures 144; Heike Rau 154; hlphoto 46; HQuality 96; Hrynevich Yury 116; Ildi Papp 128; losinstantes 68; Inga Nielsen 132; Iryna Kuznetsova 92; JARIRIYAWAT 56; Jiri Hera 100; Josiah J. Garber 64; Joshua Resnick 92; Julia Metkalova 114; Karl Allgaeuer 74; 102; KatyaPulina 126; kung_tom 13; kuvona 88; mama_mia 148; manfredxy 5, 26; Mangostar 134; marco mayer 112; margouillat photo 84; MariaKovaleva 112; Mikhail Markovskiy 5, 6; mitchFOTO 14; Naia 8; natali_ploskaya 98; nd3000 17; Oleksiy Mark 9; oneinchpunch 25; Oleksandra Usenko 70; Pett 68; Photographer Mama 80; pilipphoto 152; pisces2386 29; plprod 78; PeJo 88; pathdoc 20; primopiano 5, 38, 48, 50, 56, 60, 74, 92, 98, 128, 134, 144, 148, 152, 156, 118, 119; saschanti17 60; Santirat Praeknokkaew 42; Scirocco340 5, 13; Seregam 8; Shawn Hempel 44; Sea Wave 84; Sergey Yechikov 116; Sea Wave 98, 98, 99; Silberkorn 78; stockcreations 36; Solis 16; Suslik1983 70; symbiot 29; 44; Syda Productions 38, 120; Tatyana Berkovich 126; travellight 112; Tupungato 78; TwilightArtPictures 84; UfaBizPhoto 17; Val Thoermer 10; Viktor1 104, 88; Viktory Panchenko 33; windcoast 78; ziashusha 106

design cat GmbH, SIGLOCH EDITION: 34-35, 37, 39, 41, 43, 45, 47, 49, 51, 52-53, 55, 57, 59, 61, 63, 65, 66-67, 69, 71, 73, 75, 79, 81, 83, 87, 89, 91, 93, 94-95, 97, 99, 101, 103, 105, 107, 109, 111, 113, 115, 117, 119, 121, 122-123, 125, 127, 129, 131, 133, 135, 137, 138-139, 141, 143, 145, 147, 149, 151, 153, 157